フリーエネルギー、UFO、
第3起電力で世界は大激変する

井出治

［序文・解説・推薦］船井幸雄

ヒカルランド

［序文・解説・推薦］に代えて
これからの新しい時代をささえる中核のテクノロジーは、
まちがいなくフリーエネルギーの活用です

船井幸雄

日本での経営コンサルタントの草分けとして、私は40余年間、人生研鑽《けんさん》を重ねてきました。いろいろ知りました。その私が「今何を一番実現させたいですか？」ときかれますと、やはりいの一番に、「それはフリーエネルギーの実用化でしょう」と答えます。

各家庭にコンパクトなフリーエネルギーの発電機が一台あれば、すべてがまかなえる。大きな工場でも必用なだけの容量を備えた大型の発電機を導入すればそれで事足りるはずです。石油も天然ガスも太陽電池も水力発電も、ましてや原発などまったく必要としない社会の到来です。日本中に張り巡らされた送電線も一本たりとも要らなくなるのです。

車だってフリーエネルギーで動きますので、もちろん給油も要りません。

私の思い描くすばらしい世の中、ミロクの世と言われる新しい時代はまさにこのような社会になるはずなのです。

私は経営コンサルタントのプロとして、ほんとうに幅広いジャンルの多くの方々とお付き合いをしてきました。

そのうちの一人が、この本の著者である民間の科学者、発明家である井出治さんです。彼のやろうとしていることは、私にはすぐ分かりました。そして必ずやそれは実現するだろうと思ってきました。

と言いますのも1980年ごろ、私はニコラ・テスラのことを知ったからです。彼の先進的な研究に惹《ひ》かれて、この方面の知識と情報に敏感になっていました。さらには井出さんと出会う前にも関英夫博士や清家新一さんの情報に接していましたし、猪股修二工学博士、深野一幸工学博士などと親交があり、フリーエネルギーは存在すること、そして必ず実用化できることを確信してきたからです。

その後、私は飛鳥昭雄さん、エハン・デラヴィ（J・C・ガブリエル）さん、清水美裕（エクボ社長）たちとの交流を通して、「プラズマ宇宙論」、「電気宇宙論」という先端学問を知るようになりました。

ここで私はフリーエネルギー実用化に確信以上の気持ちを抱くようになったのです。なにしろ宇宙はそのほとんど全部がプラズマ（電気）で出来ているのですから、そこからエネルギーを取り出せないと思うほうが、無理難題というもので。

それともう一つ別の観点から言いますと、今の電気の質は非常に悪いのではないか。もしかしたら、人類の進化を阻害するほど悪いのではないかということもあります。

直観力で宇宙からのさまざまなメッセージを受けて伝えてくれる大石憲旺さんという知人がいます。彼が言うには「原発で作る電気は非常に質が劣る。火力発電も同じ。太陽電池、これの電気の質も悪い。まあまあなのは水力発電の電気くらい。一番いいのは巷間《こうかん》言われているフリーエネルギーの電気だ」というのです。

これと同じことを出口王仁三郎さんが言っていました。彼は昭和23年に亡くなった方ですから、その予見力は並外れて優れていると思います。

ちょうどこの9月に発売された伊達宗哲さんという人が書いた王仁三郎さんをテーマにした本（『地球の雛型「日本」は世界一切を救う』）で、序文を頼まれていて、そのときの文章がありますので、ご覧になってください。

まずは王仁三郎さんの電気に関する見解です。

「電気なるものは、宇宙の霊素、体素より生成したものであるが、その電気の濫用のために、宇宙の霊妙なる精気を費消すればするだけ、反対に邪気を発生せしめて宇宙の精気を抹消し、ために人間その他一切の生物をして軟弱ならしめ、精神的に退化せしめ、邪悪の気宇宙に充つれば満つるほど、空気は濁り悪病発生し害虫が増加する。
されど今日の人間としては、これ以上の発明はまだ出来て居ないから、五六七神世出現の過渡時代においては、最も有益にして必要なものとなつて居る。モ一歩進んで不増不滅の霊気を以て電気電話に代へるやうになれば、宇宙に忌はしき邪気の発生を防ぎ、至粋至純の精気に由つて、世界は完全に治まつて来る」

「不増不滅の霊気」つまりフリーエネルギーが実用化されることによって、世界が治まるといっているのです。今こうした流れの中で、こうした文章にめぐり合うことは何がしかの意味があるのでしょう。
次も王仁三郎さんの見解です。

「また宇宙には無限の精気が充満してあるから、何程電気を費消しても無尽蔵である。決して、無くなると云ふ心配は要らぬ。また一旦電気濫費より発生した邪気も宇宙無限の水火の活動によつて、新陳代謝が始終行はれて居るから大丈夫である」

これはまさにフリーエネルギーのことですし、プラズマ宇宙論もすでに完全に先取りしていたといえるのではないでしょうか。

これに対して私は次のようなコメントを書きました。

「王仁三郎さんは現在の電気について、人の霊性を乱すものと見ていました。原子力などの火の文明を突き詰めれば人類文明が崩壊すると予言しています。それにかわるものがあることをきちんと分かっていました。それがフリーエネルギーといわれるものなのでしょう。

私の知人にはこの研究に半生を捧げている人がいます。すでに入力に対して3倍の出力を得られる装置が完成しています。理論もしっかりしています。残念なことに近々アメリカにおいて実用化されるようになりそうです。日本には彼の研究を受け入れる土壌がないようです。

彼の名は井出治さんといいます。彼の研究についてまとめた本を出版するようにヒカルランドさんに言ってあります。『フリーエネルギー、UFO、第3起電力で世界は大激変する』（仮題）という本が今年10月ごろには出るようです」

さらに最近ではデーヴィッド・アイクさんがほぼ同じようなことを言い出しています。

それはやはりヒカルランドさんより刊行が始まった彼の新シリーズ『ムーンマトリックス［覚醒篇①〜⑦］』『ムーンマトリックス［仮題：逆転のゲームプラン篇①〜③］』という全10巻本の中で述べられています。

私はまだ全部を読んだわけではありませんが、デーヴィッド・アイクさんの思考回路は熟知していますので、概要からだけでもかなり想像がつきます。

彼はいわゆる闇の勢力のことをロスチャイルド・イルミナティと表現していますが、闇の勢力は、人類一般を奴隷のように支配したいと強く望んでおり、そのためにわれわれが想像もつかないようなあらゆる手段を講じていると言っています。その一つが人類が目覚めないように、マインドをハイジャックする電波帯について熟知していると言っています。それが今この世で使われているあらゆる電波（電磁波）だというのです。なるほど世界は目には見えないですが、数多くの周波数帯で電波が飛び交っています。その電波が人類の目覚めを阻害しているというのですから、「びっくり?」です。

アイクさんは、人類は本来無限の根源意識とつながった存在だと言います。その無限の根源意識とは、宇宙から光として飛んでくる電波だというのです。これはまったくｋｏｒｏ先生こと神坂新太郎さん（故人）と同じ考え方です。神坂さんは、言い方は違いますが、人間は本来宇宙からの光信号をその松果体を通して受けて動くロボットなのだと言っていたのです。宇宙からの光信号に沿って動いている限り、人間には間違いがないのだと言っていたのです。

アイクさんはその宇宙からの光信号が、さまざまなハイテク機器から出る電磁波、テレビ・ラジオ放送の電波、携帯電話などによって、遮断されていると言っています。そして、さらにその大元の巨大基地があると述べています。それが月です。月は闇の勢力の人類コントロールの基地として機能していると言っています。太陽からの光信号をこの月の基地で変換しているということで、これも大きな「びっくり？」です。

一言でフリーエネルギーといっても、これほど世の中の大きなしくみに絡むような背景があることを知っていただければと思い、このようなことを書きました。

また私と井出治さんは「ザ・フナイ」の２００８年９月号で対談をしています。その際の文章は２００８年12月に出版された拙著『超効率勉強法』（ビジネス社）に再録もされています。

その中の一部をここに再々録して、この序文の締めとしたいと思います。

この本が新しい社会の到来を引き寄せる一助となることを強く願っています。

船井　井出治さんとは、かれこれ16年くらいの長い付き合いになります。

井出　最初にお目にかかったのは、まだ㈱船井総合研究所の社屋が芝にあった頃でした。１９９６年に『パンドーラの遺産』（ビジネス社）を出版したときには、大変お世話になりました。丸善本店に行った友達から「君の本が文芸書で５位に入っていたよ」と知らせを受け、本当にびっくりでした。こんなことは普通ではありえないので、これはすべて船井先生のおかげだと感謝しています。

船井　井出さんは、長年フリーエネルギーの研究をされてきましたね。フリーエネルギーについては、私もそれなりに勉強して興味のある分野なんです。

米国物理学会やNASAのラングレー研究所で論文の発表をされましたね。

井出　私が研究で得られた結果はすぐには応用できないものの、学問的な意味において非常に貴重な内容でした。それを公表するにはどこがいいかをいろいろ考えまして。まずは『フリーエネルギー技術開発の動向』という本の中に一部を書いたところ、それを見たT大学工学部のA教授から、「これを正式な学術論文にしなさい」とアドバイスされました。

それで正式な論文にしたのですが、これがまたとんでもなく難しいことでした。日本の物理学会は保守的なので受け入れてもらえないだろうと、「アメリカ電気電子学会」に出したところ、出しては拒絶、訂正して出してもまた拒絶……。そのたびに実験を繰り返し、論文の内容を練りに練っていきました。それでも結局、「この論文であなたの言っていることは物理学の法則に違反しています」と拒否された格好でした。

で、今度は「アメリカ物理学会」に切り替えたんです。そうしたところ、一発で査読者から「これはすばらしい」という内容のコメントをいただいたんですね。電気学会でブラッシュアップされ、揉まれたおかげもあったのでしょう。物理学会に切り替えた途端に「これはOKですよ」という通知をいただきまして。1995年1月のことでした。

その年の6月には、晴れて学会の論文誌に掲載されました。掲載されるということは、自分で言うのも何ですが、学位論文と同じくらいの価値があるんです。これを使って大学で手続をとれば学位収得も可能というくらいのレベルの学会ですから。

船井　そこで認めてくれた人が、マローブ博士だったのですね。

井出　ええ。私の論文を見た途端に「これは新しいエネルギーの内容だ」と見抜いてくださり、すぐに自分の出している雑誌に載せてくれたんです。ユージン・マローブという、MIT（マサチューセッツ工科大学）の教授だった方です。

船井　ところが、マローブさんはその後、突然亡くなってしまったということですね。

井出　彼は常温核融合などの研究もされていた方ですが、自宅で他殺体という形で発見されたようです。マローブさんだけではなく、私がこの研究を始めて関わった人たちのうち、優秀な方ばかりがなぜか4人も似たような形で亡くなっています。

フリーエネルギー分野では、私が最初に興味を持った「EMA《エマ》モーター」の発明者がやっぱり亡くなりました。

こういう話になっていいのかわかりませんが、ステファン・マリノフというオーストリアの研究者も、グラーツ工科大学の図書館から飛び降りて亡くなりました。その人も私が物理学会で発表した論文を最初に評価してくださった学者です。「井出治はエネルギー保存則を破ったのか」と、自分の論文集にはっきり書いてくれましてね。なぜ亡くなったのか真相はわからないですが……。でも、それを一言書いてくださったことは、私にとってはありがたいことでした。

それと、もう一人、Nマシン（※1）で有名な、ブルース・デ・パルマという人がいます。

この方もマサチューセッツ工科大学にいた学者ですけれど、「命が危険だから」とオーストラリアで研究を続けていました。それにもかかわらず、最終的には不本意な形で亡くなりました。このように権威ある人が一歩進んだ研究に従事すると、命の危険にさらされることが多いのですね。私などは権威がないから逆に安心ということになります（笑）。

その学会で論文を発表し掲載されたことで、私も心が楽になりました。従来のエネルギー保存則を破っているという内容を認知してもらえたからです。それをもとに実用化ができれば、永久機関ができるわけですから。

月の謎

井出　最近のアメリカの一部のメディアで、アポロ14号（1971年2月）で月に着陸した宇宙飛行士のエドガー・ミッチェルが、「NASAは、UFOと異星人の情報を隠蔽《いんぺい》している」と公言しました。

1970年代の本には、ドン・ウィルソン著『月の先住者』（たま出版）のように、月に何があるかに関して暴いているものがすでに出ています。アメリカは宇宙計画を始めて、何回も探査機を飛ばして、月に何があるかというのは、60年代までには摑んでいたんですよね。月の裏側にはいろんな基地があったり、あるいは表側にもものすごい構造物があるということを全部知った上で、あえて実行したのがアポロ計画なんです。アポロ8号（1968年12月）がはじめて月を10周、周回した。そのときの宇宙飛行士3名は人類ではじめて月の裏側を目撃した。

その後アポロ11号（1969年7月20日）が史上はじめて月面着陸に成功したときに、世界中に中継する際はどのようにしないといけないのか、が中継する側にとって大問題になった。とにかくUFOがすぐ画面に入ってくるわけですよね。それが世界中に流れたらとんでもないことになると。それを回避するために何をやるかということの結果が、月面に関するインチキ写真の捏造《ねつぞう》になったらしいのです。つまり月に降りたのは事実だったが、撮影はインチキだったらしい。月面と同じ風景のスタジオを地上に作っていたというのです。で、月面中継でUFOや何か変なものが画面に入った途端にパッと地上のスタジオに切り替えて、約2時間遅れて画像を世界中に放映したということです。だから、当時のアマチュアのハムのちょっと気の利いた人は、直接月からの電波を受信できていたのですよ。「ああ、何か出てきた！」と宇宙飛行士が騒いでいるのが全部入ってますよね。だから、そのたびごとにパッと地上の月面そっくりのスタジオに画面を切り替えて。

アポロ11号はレーザーリフレクター（反射板）を置いてきたんです。いろんな国の科学者がそれにレーザーを当てて反射させて、月の距離を測る実験に使っていたことから、それは確かなことです。

その後どうして月に行かなくなってしまったかというのは、行けば行くほど、一般の大衆が知ったら困ることが明らかになってくるわけで。行けば行くほどやぶ蛇だと。だが実際は、情報によるとアポロ20号まで行っている。17号までしか表面的には行っていないのですが、うわさによると秘密裡に20号まで行ってますね。降りて撮ってきた、向こうの建物のビデオなどがあるんですよ。私、サイトで見つけました。あ、これはいつでも取れると思ったら、消されちゃいました。でも写真が残りましたけどね。もう実に見事な建物ですよね。バルセロナの聖家族教会、ガウディの造った建物に似ています。20号にはロシアのアレクセイ・レオノフと、アメリカの2人の科学者が乗っていたと言われています。

私、レオノフに会ったことがあるんです。レオノフというのは1965年3月、世界ではじめて宇宙遊泳を成功させた宇宙飛行士ですね。1999年8月3日に都内で「ロシア宇宙技術講演会」がありました。そのときに、レオノフ氏の講演を聞いた後に私、彼に問い詰めたんですよ。「あなたらは月で何か見つけたんだろう。映画『猿の惑星』の最後のシーン(自由の女神が倒れているのを見つけるシーン)みたいなのを見つけたんだろう」と。そうしたら彼は黙ってしまって、答えに窮しました。懇親会のときに、私は悪いことを言い過ぎたと思って、「あなたが宇宙遊泳をやったときに私は中学生だった。そのとき、たまたま私はおばあさんの家にいて、おばあさんが宇宙遊泳って何だと聞いてきたから、丁寧に説明した。宇宙遊泳しているあなたの写真が新聞に載っていた。そうしたら、うちのおばあさんは理解できたぞ」と言ったら、レオノフはポロポロ涙を流していた。非常に純情ですよ。そうしたらレオノフが、後からわかったんですが、その20号で行って月の遺跡を見ているんですよね。だから私は図らずも、そのときにレオノフが体験したことをそのまま言っちゃったのかもしれません（笑）。だから彼の言葉がストップしたのかなあと思っているんです。

月の裏側に基地があって、異星人が、そこを拠点に地球に来ているらしい。だから、「かぐや」（※2）が月の裏側をまったく中継しないですね。1ヶ月経ったら月の表面がくまなくわかるんです。JAXAの広報室へ行ったら2、3分ごとの途切れ途切れの映像を見せてくれますが、それ以上は見せないです。「どうして1周まるごと見せないの？」と言ったら、「いろいろ理由があるんでしょうね」と。とにかく今までで一番分解能も高いハイビジョンカメラを使って、月の表面から100キロ地点でぐるぐる回っているわけですからね。

月の裏側に基地があり、異星人がそこを拠点に地球に来ているという話が本当なら、そういう情報を地球の人たちにオープンにするという考えはどうして浮かばないんでしょうか。異星人にもさまざまあって、地球人の中に入り込んで地球を乗っ取ろうという目的を持った異星人もいるかもしれませんが、そればかりではないでしょう。われわれ地球人に手を差し伸べて、より良い方向に導く手伝いをしに来てくれている異星人もいるはずです。

情報をオープンにしない理由は簡単です。地球で権力を持っている人の一部がその権力を手放したくないだけの話でしょうね。

「地球人全体の利益になるように情報をオープンにしよう」という強力な勢力が現れてきてもよさそうなものですが……。われわれのわからないような、別の計画があるのかもしれないですけどね。どういうふうに持っていくかという非常に大きな計画があって、ある段階に行くまでは控えているという可能性もありますね。

船井　正直なところ、私にも本当のところはよくわかりません。ただ、井出さんから聞いたお話は、ほぼ間違いないだろうということだけはわかります。

井出　世界でも日本でもそうだと思うんですけど、トップにいる人はみんな本当のことは知っているらしい。「かぐや」の件でも、1ヶ月経ったらくまなく月が見られるわけですから、2007年の終わり頃には月のあらゆる表面の情報が日本のトップには入っているだろうと類推できます。国会でもUFO論議が起きたでしょ。防衛大臣と町村さんがいろいろコメントを言いました。町村さんは「絶対UFOはいますよ」と、個人的にはっきりおっしゃいました。防衛大臣も、UFOが来たら、どういう体制にするかという計画を具体的に細かく話していました。あっ、これは「かぐや」の情報がトップに入ったなというのを、それで感じたのです。

ものすごく聡明で、しかも人類全部のことを思ってくれる存在たちが、支配するという目的ではなくて、地球人一人ひとりの本当の利益になるように動いてくれることを祈ります。そうなれば最高ですね。

1950年代に来た異星人は、みんなそういうふうに言っているようです。「地球のために、われわれのこういうふうな技術を使え」と。それから後、彼らの存在がパッと隠蔽されたようですね。彼らは姿形がわれわれと変わらないらしい。私の知り合いで月まで行って、向こうの基地まで入ったという人がいるんですが、彼の話だと、日本人とまったく変わらない人が出てきて、大和言葉の古語でしゃべったと聞かされました。月にはドームがあって、そのドームの中で農業なども行われていると言っていました。NASAの写真にはドームがいっぱい写っているそうです。「かぐや」がそれをキャッチして、それを放送したら、とんでもないことになる（笑）。私たちにも意識の準備が必要ですよね。放送したら、あらゆる分野に対して、ものすごい影響があるでしょうから。

より大きな視点で私たちが幸せになれるのであれば、新しい、もっとすばらしい、一人ひとりが幸せになる世界の到来のために、今持っているものを失うことを恐れずに貢献してほしいですよねぇ。そういう、より高い意識を喚起するにはどうしたらいいんでしょうかね。それは船井先生から（笑）。

船井　世の中では真実がぼちぼちわかってきていますし、またわからせなければならないような動きもあるような気がします。だから、あんまり心配はないと思います。

一人ひとりがやるべきことは、勉強すればいいんです。そうしたらどうすればよいかが自然にわかる。つまり、こういうお話に耳を傾けてみる。井出さんがどういうプロセスでここまで努力していらっしゃったかということを知って、できたら一緒に同じ方向でやってみませんか、と言えば共感する人も出てくるかもしれない。

私は井出さんの話を聞きながら、「俺はじゃあ、どうしたらいいか」と考えておりました。まだわからないが、何かやるべきことがあるんだろうなぁ。

井出　こういう話がわかる人もいれば、わからない人もいます。わからせるためにどうこうするよりも、今の研究でやっているものを完璧に完成させられれば、一挙にわからなかった人たちの意識変革もできるんじゃないかという期待はあるんですけど。テレビの受像機などでも、構造はわからなくても、目の前にテレビがあれば、私たちは何の違和感もなくテレビを見ているわけで、それと同じですよね。物ができてしまえば。

船井　この間、ヒューマンカレッジの講演でも話しましたが、私は普段からたくさんのびっくり現象を見ているのです。不思議なことは世の中にいっぱいあるんですよ。今の科学では全く証明できないけど、現実にそういう現象があることは認めなければしかたがない。だから、科学も変わるんじゃないかな。

井出　変わらないと、もう話にならないです。ほんとに今世紀になってから、急に私に畳みかけるように、不思議現象が起こるんです。どんどんどんどん、まぁ信じられんというようなことが。

船井　どうやら、もうすぐ変わるから、じたばたしなくてもいいんじゃないかなという気が

月面上の建造物〈アポロ20号撮影〉とされるもの。スペイン、バルセロナの聖家族教会の雰囲気も感じられるが、地球の建造物のデザインではないセンスを読み取ることができる。

します。

井出 そういうメッセージが私のところにも届いています。「へえ、これからそんな信じられないことが起こるかな」と思うぐらいのことが……。

船井 マクロに見たらいいほうに変わると思います。ミクロに見たらよくないと言う人もいるだろうけど。変わる際に、自分にも大きな役割があるらしいことまでは私でもわかりそうです。だから、何をしたらいいかをこれから考えんといかんのです。今日の話は参考になりました。

井出 一人でしゃべって失礼しました。

船井 いやいや、有意義なお話をありがとうございました。

※1 Nマシン　1832年にファラデーが発見した単極誘導を用いた「単極発電機」のこと。ニコラ・テスラは単極発電機の入力エネルギーよりも出力エネルギーが大きくなる現象（フリーエネルギー効果）が生じることを発見し、電気工学誌に正式の論文として発表したといわれる。アメリカのデ・パルマ氏は単極発電機を「さまざまなNumeral（数の）効果を生む機械」という意味を込めて「Nマシン」と呼んだ。

※2 月周回衛星「かぐや」　宇宙航空研究開発機構（JAXA）が2007年9月14日に打ち上げた月探査機。アポロ計画以来最大規模の本格的な月の探査を行っている。

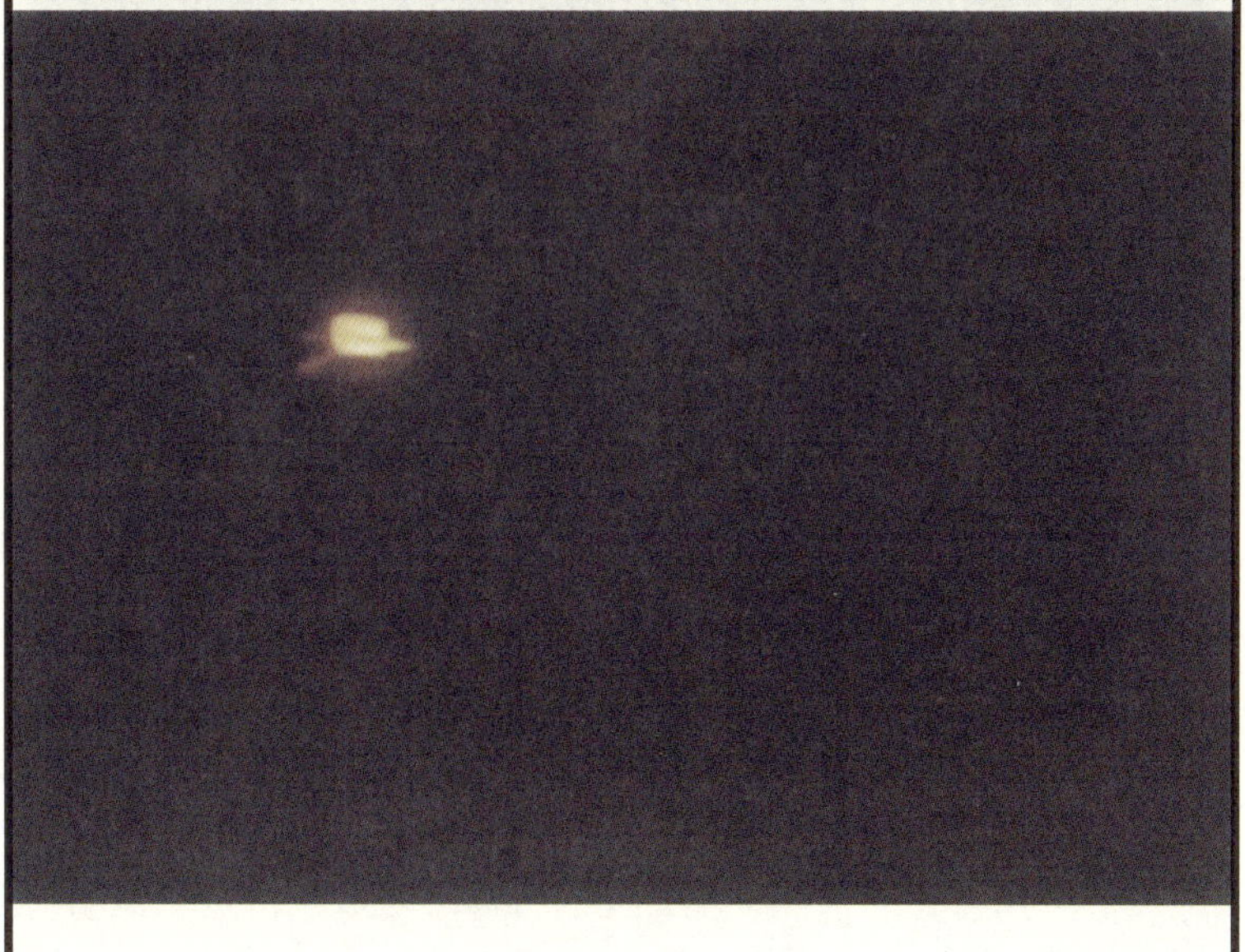

（上）UFO 1973年撮影。少し浮かんだ状態で草原に着陸している宇宙船。この直後、飛び立ったという
（下）UFO 横津岳上空を飛行する宇宙船。北海道、横津岳山中にて 1976年撮影
使用カメラ：キヤノンセブン（F0.95）これは目より明るいレンズをもった唯一のカメラである
撮影：小坂孝一

愛媛県東予市国民休暇村より2010年８月20日撮影　ＵＦＯとそれが異空間から飛び出したときにできた空間の渦（撮影：井出治）

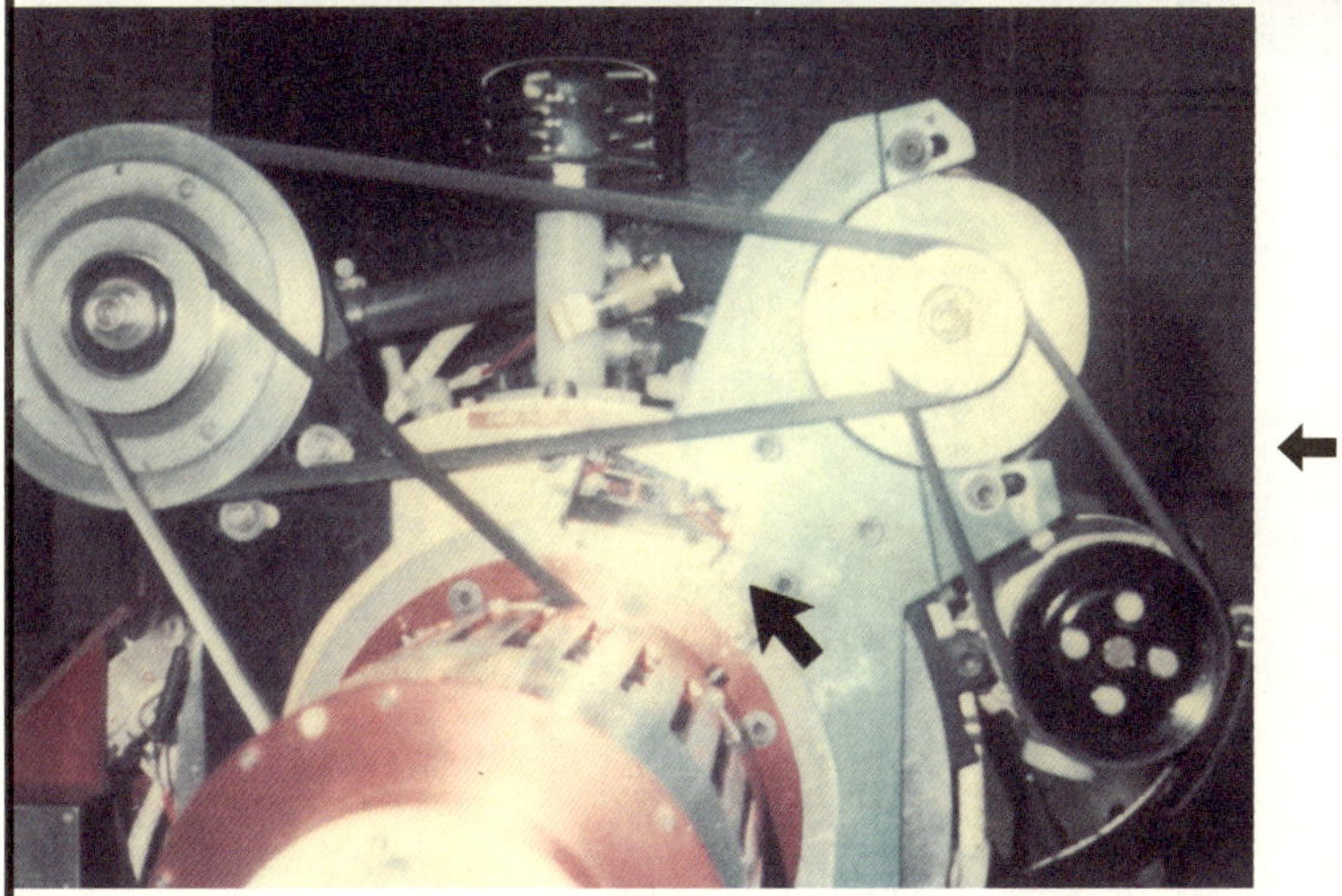

矢印の窓から、中のコイルが見える→水滴を確認
エマモーター４号機　1973年

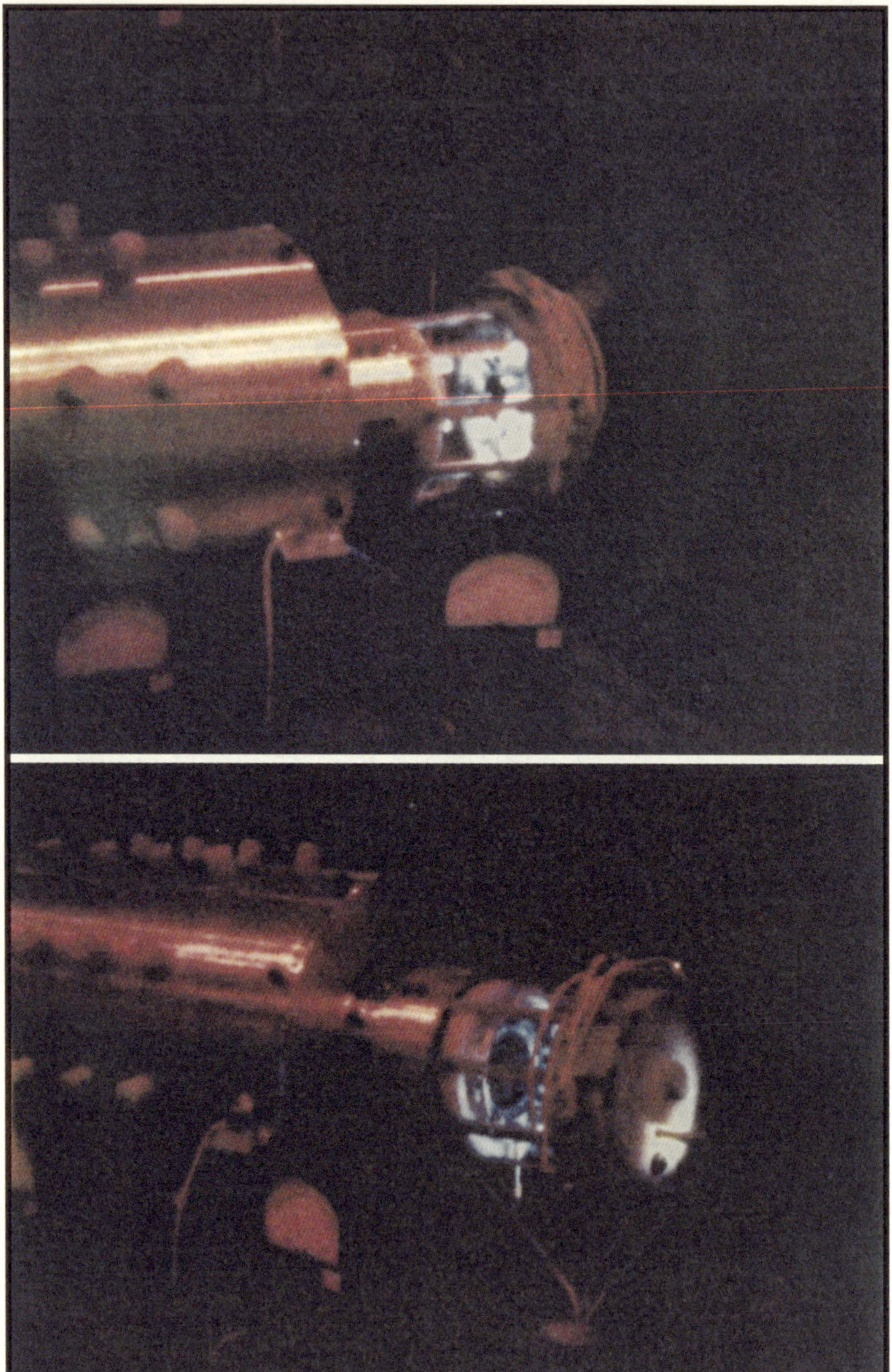

運転中のエマモーター6号機。火花放電を発生しながら回転するが、グロー放電のようでほとんど音がしないのは不思議である。火花放電のタイミングには奇妙なリズムが伴い、そこに重要な秘密があることがわかった。1976. 1. 9. LA　撮影：井出治（8ミリフィルムのコピー）

エマモーターに触発されて著者が完成させた超効率インバータ（デゴイチ）を構成する各セクション

超高速インバータ（デゴイチ）と著者（下左）

フリーエネルギー、UFO、第3起電力で世界は大激変する　目次

第二章　科学の限界と超効率の正体

第三章　謎のマシンとの数奇な出合い

第四章　アメリカで体験した真実

第五章　未知エネルギーへの挑戦

第六章　脱原発、脱自然エネルギーで世界は大激変する

装丁　櫻井浩＋三瓶可南子（⑥Design）
編集協力　瀬知洋司
写真協力　石本馨
校正　麦秋アートセンター
本文仮名書体　文麗仮名（キャップス）

第一章

フリーエネルギーとUFOの謎

国会で行われた「UFO討議」の中身

読者の皆さん、こんにちは。クリーンエネルギー研究所の井出と申します。

さて、本書の読者である皆さんの多くがずっと気になっている存在の一つに、あの存在があると思います。

皆さんが気になって仕方ないのと同時に、権威ある学者、あるいはアカデミー（学会、学術会議）が、そのメンツにかけても絶対に認めたくないないもの、それは「UFO」でしょう。

実は過去に、それが何と国会での議論の対象となりました。これまでの日本ではあり得ない事態です。

1回目は、2005年3月10日、参議院総務委員会において、民主党の山根隆治議員が、当時の麻生太郎総務大臣を相手に行ったUFOに関する一連の質疑でした。

山根議員はUFOに対する国の姿勢を問う内容の質問をされました。それに対して麻生大臣は、具体的にそういうものは、現在確認していないという答弁を行いましたが、大臣はその際「個人的にはUFOの存在を否定しない」という答弁をされました。

その後、山根議員はブログ上で、「UFOのような宇宙船を作れる宇宙人がいるなら、そのテクノロジーを学ぶことができないだろうかという内容の質問もしたかった」と述べています。

この言葉は、そのまま「フリーエネルギーの技術」を意味しています。

2回目は、2007年12月18日に政府のコメントとして、当時の町村信孝内閣官房長官から突然示された、UFOについての国の見解でした。

「内閣官房長官としての立場では、UFOの存在の証拠は現在のところ確認していない」と言いながら、「個人的にはUFOの存在を信じている」という、何とも微妙な見解でした。

続く12月20日、当時の石破茂防衛大臣が、具体的にUFOがやってきたら、防衛省としてはどう対処するかという方針を、とうとうと述べられているのが実に印象的でした。

月面探査衛星「かぐや」に対する疑問

なぜ、この時期に唐突に、UFOについての見解を政府が出したのでしょうか？　このことを推測すると、大変意外で興味深い事実が見えてきます。

それは、その約1カ月前あたりから観測を開始して、地球にデータを送り続けてきた、月面探査衛星「かぐや」の存在です。

かぐやは2007年9月14日、JAXA（宇宙航空研究開発機構）のH2Aロケットで打ち上げられ、月の周回軌道に乗り、月面の画像を送り続けていました（2009年6月11日、月

2007.7.31　産経新聞

文化

月をハイビジョン撮影

NHKが世界初挑戦

月の地平線（月平線）から昇る地球の撮影予想図（CGによるイメージ）

NHKなどが開発した「ハイビジョンMoonカメラ」。ちょっとやそっとじゃ壊れません

2007年 7 月31日　産経新聞

5　総合　14版

町村官房長官「UFOは絶対いる」

町村信孝官房長官＝似顔＝は18日の記者会見で、UFO（未確認飛行物体）について「絶対いると思っている」と述べたうえで、「そうじゃないと、（宇宙人が描いたとの説もあるペルーの）ナスカの地上絵なんて説明できないでしょ」と力説し、“UFO信者”としての持論を展開した。

政府は同日、民主党の山根隆治氏の質問主意書に対し「『地球外から飛来してきたと思われる未確認飛行物体』の存在を確認していない」とする答弁書を閣議決定し、政府として初めて正式にUFOの存在を否定していた。これに対し、町村氏はUFO存在論をあくまで個人的意見と強調しつつも、「政府の公式答弁としては、極めて紋切り型の答弁しかない」と切り捨ててみせた。

存在否定の政府公式答弁に不満タラタラ

2007年12月19日　産経新聞

2007.9.11　サンケイ

「かぐや」13日打ち上げ

起源・進化 月の謎探る

日本先陣 1年かけ徹底観測

2007年 9 月11日　産経新聞

UFO飛来 領空侵犯に当たらず？

防衛相「ゴジラは災害派遣」

軍事に関してはすべてにおいて突き詰めなければ気が済まない石破茂防衛相は20日の記者会見で、未確認飛行物体（UFO）が日本に飛来した場合、自衛隊が対領空侵犯措置による対処はできないという独自の見解を披露し、永田町でにわかに盛り上がっている“UFO論争”に参戦した。

政府がUFOについて「これまで存在を確認していない」とする答弁書を閣議決定したことが論争のきっかけ。町村信孝官房長官は「絶対にいると思う」と政府見解に反論、[redacted]と述べた。

航空自衛隊の戦闘機が領空侵犯を排除する対領空侵犯措置は「外国の航空機」が対象。[redacted]と大まじめな表情で解説してみせた。

会見で自らUFOの話題を切り出した石破氏は、怪獣「ゴジラ」への対処についても「天変地異のたぐいだから災害派遣でしょう。モスラでも大体同様だ」と指摘した。

2007年12月21日　産経新聞

(2007年) 10月22日　月曜日　産経新聞

「かぐや」がとらえた月面と地球　観測軌道に

宇宙航空研究開発機構（JAXA）は21日、9月に打ち上げた月周回衛星「かぐや」の主衛星が、月の上空約100キロを回る観測用の軌道に入ったと発表した。機器の点検を経て12月中旬から本格観測を開始する。

衛星の監視用カメラがとらえた月面と地球の画像＝写真（JAXA提供）＝も新たに公開。19日、高度約98キロで月の南極付近を撮影したもので、左上に地球が小さく映っている。

月周回衛星は中国も24日に打ち上げる予定で、日本からはJAXAの樋口清司理事長ら2人が公式に招待され、現地で打ち上げを視察する。

月をめぐる日中の観測競争が始まるが、JAXAの佐々木進教授は「かぐやはかなり先端的で自信作。いいデータが取れると期待している」と性能面での優位性を強調。滝沢悦貞プロジェクトマネージャは「日中が互いに成功し、月の研究を高め合いたい」とエールを送った。

2007年10月22日　産経新聞

面に制御落下）。

かぐやは月の両極を回る衛星であり、１カ月経てば月面をくまなく見ることができました。しかも映像は、ＮＨＫの開発した高分解能のハイビジョンカメラによるものです。もし実況中継をすれば、これまでどの国でもやったことのない、最高画質の月面映像を、我々は楽しめるはずでした。しかし現実は、実況中継などまったくされないし、あらかじめ録画された3～4分の細切れの、低分解能のボケた画像が、いくつか放映されただけでした。おまけして、なぜか画像処理を施しているというテロップまで出していました。

なぜだろうか、というのが、私が個人的に持った疑問です。


もう一つの疑問は、「なぜ日本の科学者や天文学者が、そのことについてＪＡＸＡを追及しないのか？」ということです。

月を研究している天文学者にとっては、まさに喉から手が出るほど欲しい情報ではないかと想像しますが……現実はそうじゃないようですね。

なぜだか不思議なくらい、日本の科学者は権力者のやることに対して、魔法をかけられたようにおとなしくなっています。誰一人、ＪＡＸＡやＮＨＫに抗議する科学者はいません。私に言わせると「骨抜きロボット学者」しかいないのか、ということですが。

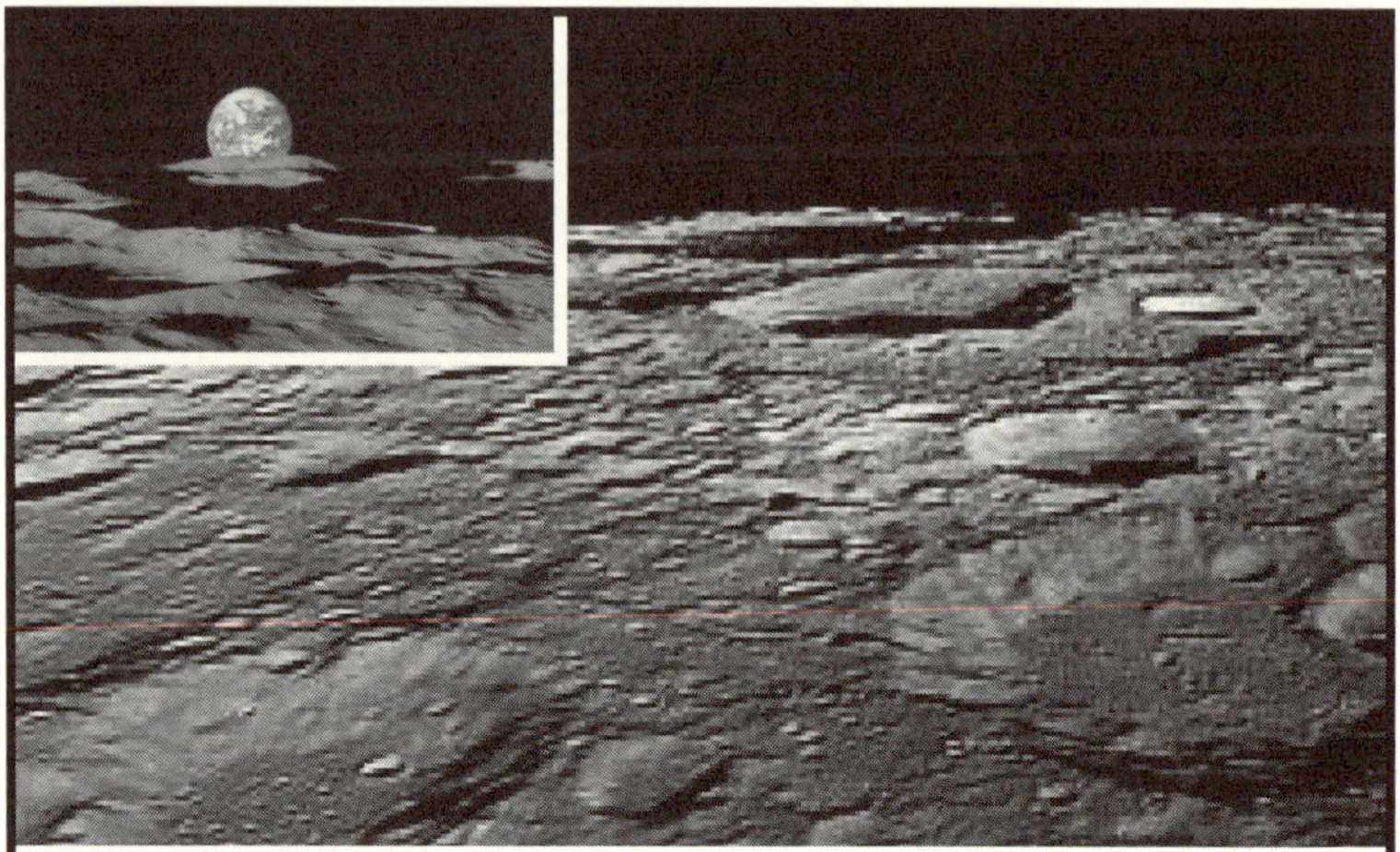

かぐやの撮影した月の映像…カナダのネットで見られる。

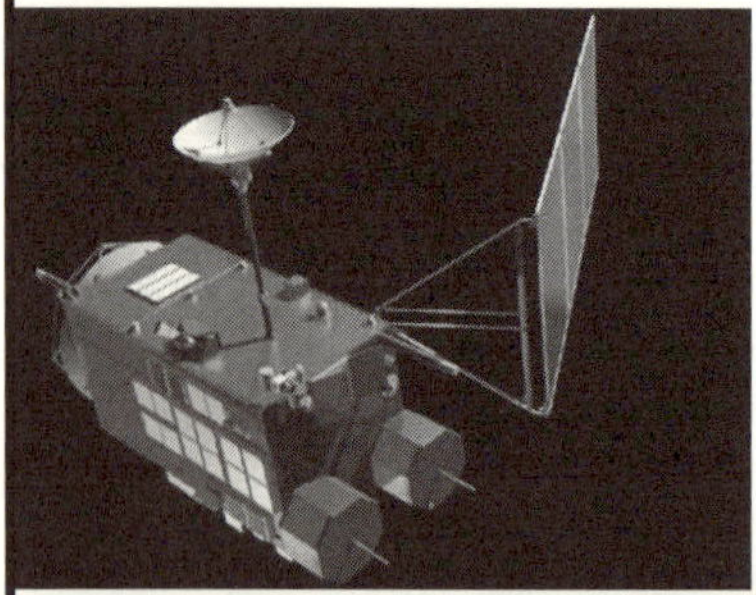

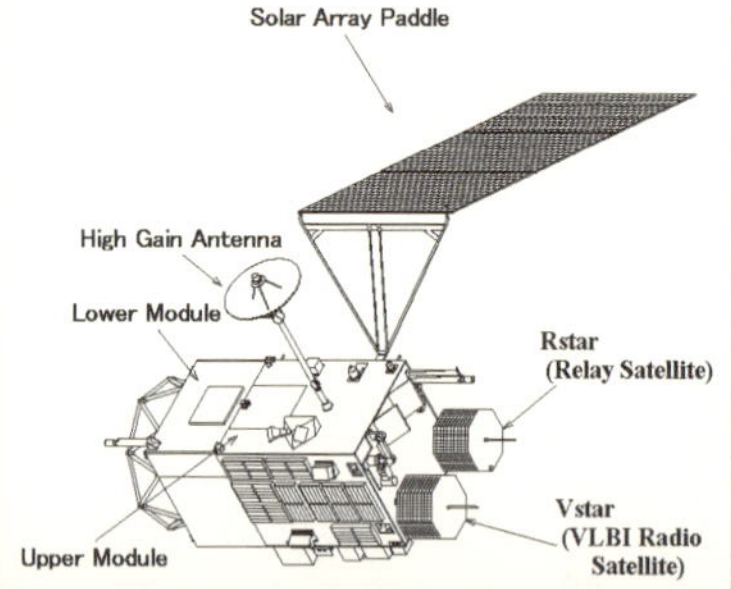

月面探査衛星「かぐや」。日本もこの探査で異星文明の数多くの証拠をつかんだはず……。

そう思っていた矢先、科学者ではありませんが、ジャーナリストにそのことを指摘する人が出てきました。松浦晋也という人です。彼は、「カナダではカットされていないかぐやの月面情報が見られる」という情報を、ブログで流しました。

松浦氏は同時に「日本人から集めた多額の税金と視聴料で打ち上げたかぐやの映像を、なぜ日本人である我々が見られないのか？」という疑問もぶつけています。

まったくおっしゃるとおり。当たり前すぎる意見です。しかしながら、なぜかマスコミも総ダンマリを守り通し、松浦氏の発言を表に出そうとしません。

その代わりと言いたくなりますが、小惑星探査機「はやぶさ」については、全マスコミを通じてあれだけハデにＰＲされました。出版界や映画界では今年になってもその余波が残っています。もちろん「はやぶさ」の成果はすばらしいもので私も感激しました。しかし私の個人見解としては「かぐや」の超常的な成果の隠蔽に使われたのではないかという観をぬぐえません。

日本の科学者の「逃げの姿勢」が感じられる

これらの疑問をすべて明らかにするものが、かぐやが送ってきた月面映像にあるはずです。それは月面上にある様々な、異星人による文明の証拠でしょう。

異星人によって作られた多くの構造物、道路、都市、もちろんＵＦＯまで、かぐやは映像で送ってきたと容易に想像できます。

なぜなら、これらのものは過去において、すでにロシアの宇宙科学アカデミーやＮＡＳＡによって撮られた写真に写っているからです。

ロシアは今世紀初頭、『プラウダ』という共産党の機関紙が、月面に存在する都市の写真をネット上で公開しました。

そこには放射状、円状に設計され、精緻《せいち》に作られた道路がはっきりと確認できます。

ＮＡＳＡがかつてアポロ計画で飛ばしたいくつもの宇宙船で撮られた月面写真には、多数のＵＦＯや高さ数キロメートルにもなる巨大な建造物が写っています。建造物の中には芸術的な形状を持った特徴さえ見られるのです。

こうした「知的文明の証拠」に対する明解な回答を、現在に至るまでＮＡＳＡは行っていません。

かぐやが、これらのことを証明するような映像を送ってきたことは、どうも事実のようです。

それが、２００７年末に突然行われた政府のＵＦＯ見解に結びつくのではないでしょうか。

つまり、日本政府にかぐやの情報が入ったということです。

ここで私が言いたいのは、「異星人が乗ってきた宇宙船としてのＵＦＯの存在」です。ＵＦ

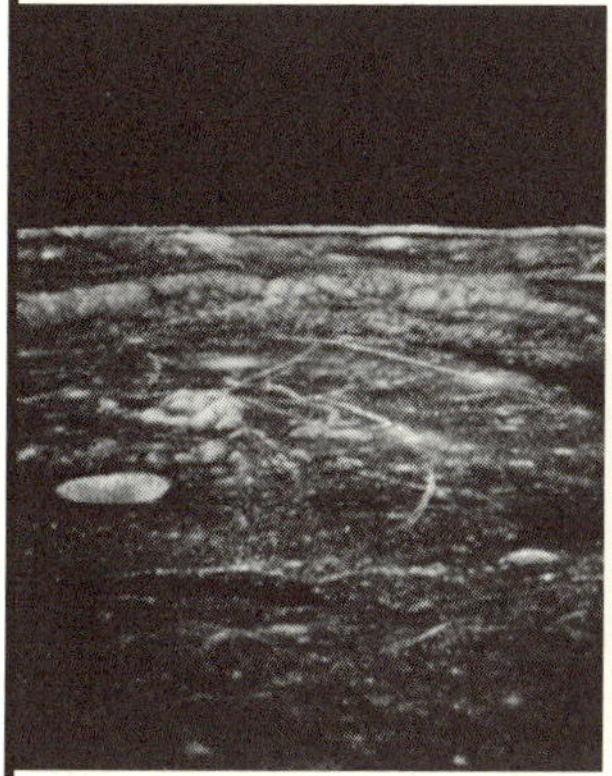
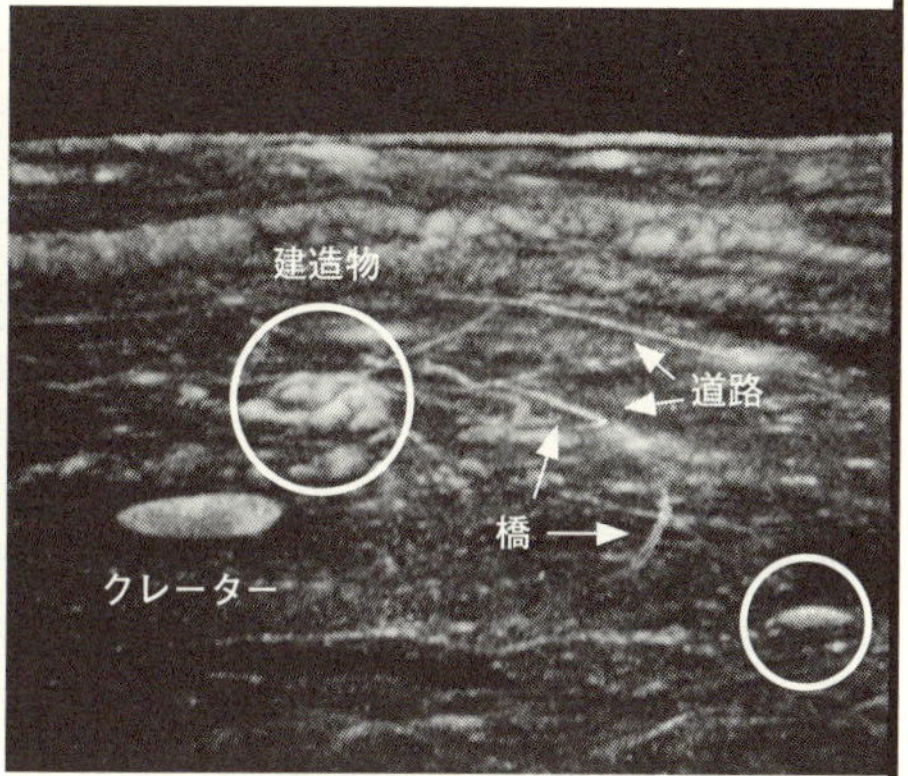

今から30年以上も前の1972年に、NASA が新たに考え出した月面基地構想の一環として、アーティスト、社会学者、音楽家、哲学者を含む幅広い分野の人々から成るグループが作られた。このグループのメンバーにより月面基地構想が検討され、そのときの極秘参考画像として流出したのがこの写真らしい。

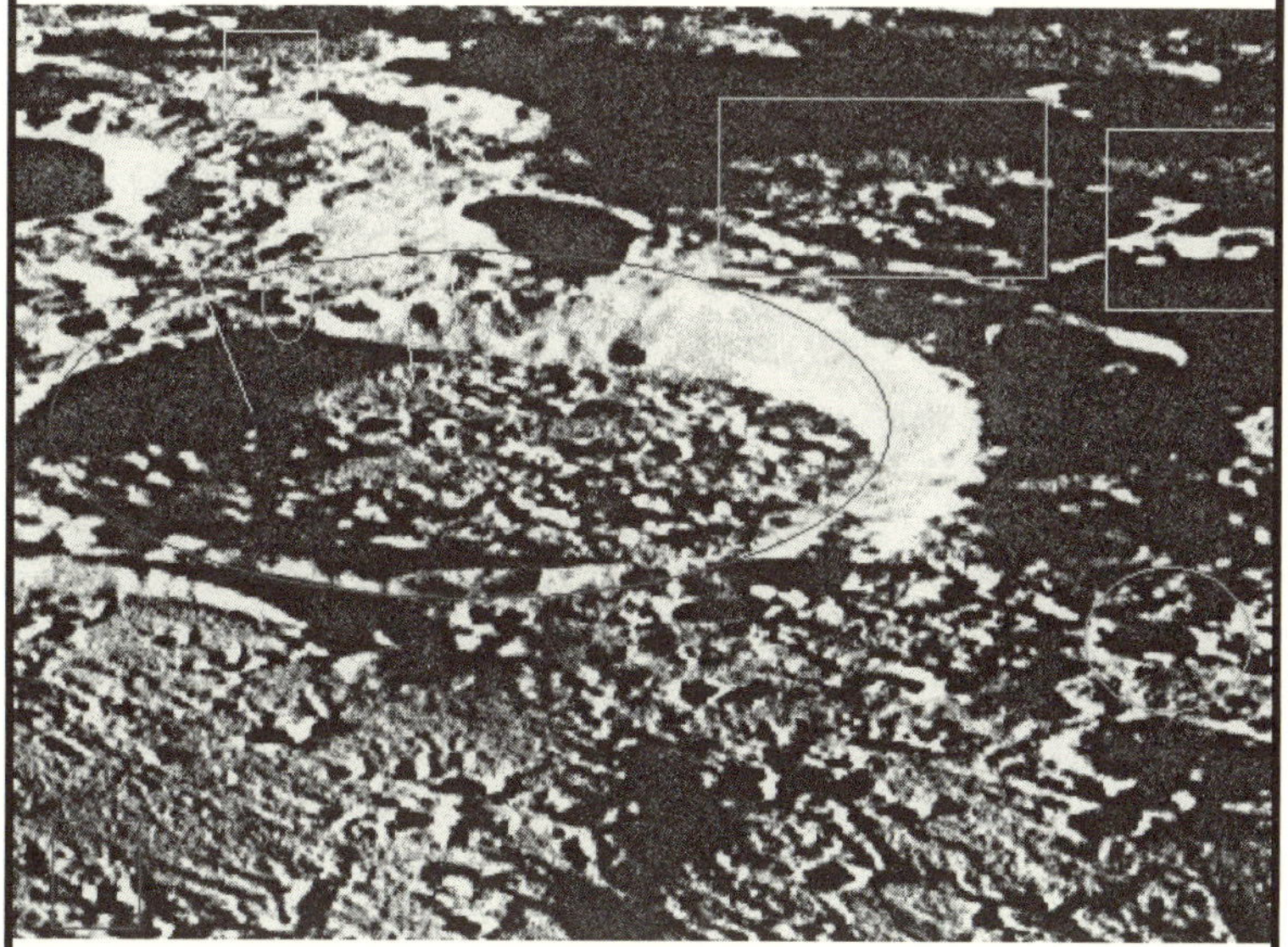

『プラウダ』ウェブ版に載った月面都市写真!?

Oは Unidentified Flying Object（未確認飛行物体）という呼び名のようなあいまいなものではない、ということです。

余談ですが「ユーフォー」という呼び方は日本独自のものであり、米国では通用しません。前記のとおり、略語ですので「ユー・エフ・オー」と発音しないと通じません。

そしてそこには、日本の科学者の「逃げの姿勢」が感じられます。

すなわち、異星人の宇宙船ではなく、何か空中で生じている未確認な自然現象であるという解釈が、多分に含まれるというわけです。

私はこれを全面否定し、ＵＦＯは異星人の科学技術によって作られた宇宙船であると断定します。

省エネは温暖化問題の根本解決にはならない

２０１１年3月11日に起きた東日本大震災の影響もあって、最近は少し減りましたが、いわゆる「地球温暖化」をテーマに掲げる報道&情報番組がここ数年で激増しました。

ところがその内容たるや、出演者の発想のスケールの狭さには唖然《あぜん》とさせられます。「温暖化＝二酸化炭素の増加」説の図式が、最初から固定された事実となっているからです。

温暖化は謀略である、単なるビジネス＝錬金術的システムであると、声を上げ始めたジャーナリストや評論家も出始めていますが、やはり、本当の目的は「原発の復活」にあったと思います。米国スリーマイル島と、ロシアのチェルノブイリの原発事故の後、原発を危険視する世界的な風潮が生じました。これを打ち破る手段がCO_2による温暖化論であり、最終的には「CO_2を出さない原発はクリーンだ」という何とも滑稽《こっけい》な論調が出始めたわけです。それにしても原子力ビジネスを動かす勢力の、人民洗脳プログラムの作り方には感心させられますね。二十数年をかけて徐々に洗脳するわけですから、そのもくろみが三度粉砕されたのが、今年の福島の原発事故でしょう。

実は温暖化＝二酸化炭素の増加が原因という根本命題さえ、正しいかどうかまだ確定していません。

事実、これに疑問を投げかける研究者・学者も、少数ながらいらっしゃいます。そしてこういうケースでは、少数派が案外正しかったりするものです。

さて、問題の根本は、もちろん化石燃料によるエネルギーにあるわけです。そこで省エネ・節電をやりましょうというキャンペーンが、盛んにアピールされています。

しかし省エネは、問題の根本を解決するわけではありません。

二酸化炭素を排出する化石燃料を使用し続ける限り、究極的にやってくる破滅を、ほんの少し未来に先送りするだけです。

要するに、国が奨励して企業が履行する省エネも、家庭で履行する省エネも、問題解決にはなっていない、単なる「対症療法」なのです。ちょっと考えれば誰でもわかると思います。

「最近は水素という二酸化炭素を出さないクリーンな燃料があるじゃないか」とおっしゃる方もいるでしょう。水素で動く自動車や、直接発電する燃料電池も、福島で原発事故が起こる以前から脚光を浴びています。

しかしその水素が何から作られるかは、マスメディアで報道されません。水素は主として天然ガスから生成されます。水素が作られる過程において、やはり二酸化炭素を排出するというわけです。

二酸化炭素を出さない、いわゆる「クリーンエネルギー」と称されるソーラー（太陽光）や風力が、人類の利用している膨大なエネルギーをまかないきれるかと言えば、私の答えはノーです。

エネルギーの解決方法は地球ではなく宇宙にある

太陽光、風力、水力、水素……これらは、新エネルギーでもクリーンエネルギーでもありません。そう言うと、大半の読者がショックを覚えるかもしれませんが、これは事実です。

ソーラーセルのエネルギー源である太陽は、悠久の昔から地球にエネルギーを降り注ぎ続けていますし、風力は数百年前から風車として動力源に使われてきました。

最近、メディアでよく取り上げられる電気自動車は、最近になって作られたと思っている方が多いと思いますが、実はガソリン自動車が世に出る以前に製作されています。

排気ガスを出さないことからクリーンカーだとも言われますが、これも間違い。確かに走行中は排気ガスを出しませんが、エネルギー源であるバッテリーを充電する際、エネルギー供給における大元である火力発電所で排出されます。バッテリー充電のための電気を作るには、火力発電所で石油を燃やして発電しないといけません。

排気ガスの出る場所が、私たちが普段使っている自動車ではないことから、一見、クリーンなエネルギーであると錯覚を起こすわけです。


燃料電池も同じ仕組みです。

水素を触媒で反応させて発電するのが燃料電池ですが、すでに40年前、あの宇宙船アポロで使用されている古い技術です。水素と酸素を反応させて発電しますが、そのときに発生するのが水だけであることから、燃料電池は無害であるというのが「売り文句」ですね。

燃料電池だけではなく日本のJAXAのH2ロケットもNASAのスペースシャトルも大量の液体水素を燃料としています。もし地球上に水素が湧出する「水素ガス田」なるものがあれば、水素はクリーンエネルギーでしょう。もちろんそんなガス田はありません。水素は工場で作られるのです。

大量の水素を作るための原料には、先述したように、化石燃料である天然ガスが使用されます。天然ガスから水素を還元するプロセスにおいては、余分なエネルギーを必要とし、そのとき余分な二酸化炭素も発生します。見方によっては、天然ガスを直接燃やしてエネルギーを得るほうが、よっぽど効率的で、かつクリーンかもしれません。水素が新しいクリーンエネルギーなどという発想そのものがまったくおかしいのです。

つまり、現在知られているエネルギーに「解」はありません。

そうならばなぜ、これほどまでに騒がれるのか？

その理由は「ビッグマネー」が動くからという点に尽きるでしょう。いわばビジネスモデルとしての、単なる「投資対象」であるということ、さらにその延長にあると期待され続ける「経済活性効果」に過ぎません。

これが、世間一般でクリーンエネルギーとか、新エネルギーと呼ばれているものの正体です。ちょっとがっかりさせてしまったでしょうか？

私が提案するエネルギーの解決方法は、地球上ではなく宇宙にあります。

先述しましたが、２００５年3月の参議院総務委員会において、国会初のＵＦＯ論議が行われました。山根隆治参議院議員の質問に対し、当時の麻生太郎総務大臣がＵＦＯの存在に対し、肯定的な答弁をされていました。

その後の山根議員のメルマガに書かれた文章は、まさに私が本書で読者の皆さんにお伝えしたい内容でした。

「もし高度の科学技術を学べるのであれば、人類の福祉向上にも役立てるはずという立場からの議論もしてみたかった」

山根議員の言う「高度の科学技術」とは、いったい何でしょうか？

それこそが、ＵＦＯを飛ばす「宇宙人のテクノロジー（オーバー・テクノロジー）」であり、まさにそこに地球のエネルギー問題の根本解決があります。

家庭のエネルギー代がすべて無料になる？

クリーンエネルギーとＵＦＯがなぜ結びつくのかは、読者の皆さんにとって謎であることは、私自身が十分承知しています。

だからこそ、その意外な関連性を少しでも皆さんに理解していただくのが、科学者である私の望むところでもあるのです。

ソーラー発電　砂漠に設置された大規模太陽光発電所（米国）

風力発電　米国、テキサスにある Brazos WindFarm

水素発電　テネシーエレクトリックの水素エネルギープラント

水力発電　ゴードンダム（タスマニア）

燃料電池（直接メタノール型燃料電池）

クリーンエネルギーと耳にして、読者の皆さんが想起されるのは、先述した太陽光（ソーラー）発電、風力発電、あるいは水力発電であり、少し詳しい方なら、バイオマス（家畜の排泄《はいせつ》物、生ゴミ、木くずなど動植物から発生した再生可能な有機性資源）発電や、水素を使う燃料電池などをイメージされると思います。

それらがＵＦＯとどう結びつくんだという疑問を持たれて、当然です。

しかし、私が本書で言うクリーンエネルギーとは、マスメディアに登場するこの種のクリーンエネルギーとはまったく関係ないものです。これらは本当の意味でのクリーンエネルギーではないからです。

本当の意味でのクリーンエネルギーとは、「ＵＦＯを飛ばすエネルギー」のことです。そのエネルギーがどんなものかを、科学的に解明できて、さらに応用可能な技術に転換できるなら、人類は真のクリーンかつ無尽蔵なエネルギーを手に入れることになります。

これが、先の山根議員の言われる「高度な科学技術」だと思います。

私は当クリーンエネルギー研究所において、このようなエネルギーの研究をすでに二十数年行ってきました。

その結果、ＵＦＯが宇宙の彼方から飛んでこられるような、一切の資源を消耗することなく、無限かつクリーンなエネルギーが間違いなく存在するという事実、そしてそれを電磁気的なテクノロジーで取り出すことができる事実を、ついに発見しました。

結論を言えば、「超効率インバータ」の試作に成功したということです。

ちなみにインバータというのは、直流電源を交流電源に変換する装置です。どんなに効率のよいものでも、現在の科学では95~96%程度が限界です。しかしながら私が開発したインバータ（デゴイチと命名）は、１００%を超えるだけでなく、直流電源の出力に対するトランス出力比で、実に２００~３００%を超える数値を出します。

この事実は「永久機関ができる」ということにつながります。

もっと砕けた、つまり生活に密着した表現をすると、皆さんのご家庭のエネルギー代、つまり毎月の電気代、ガソリン代、ガス代などがタダになるということです。まさに世の中が激変するのです。

嘘つけ、信じられないぞ、……いろいろと批判されても、無理はありません。確かにこれまでの科学常識では信じられないでしょうが、これは事実です。

フリーエネルギーは真空エネルギーであるという事実

クリーンエネルギーが存在するには、まず、ＵＦＯが存在することが大前提となります。

もちろん、仮にUFOが存在しなくても、そのようなエネルギーが存在しても論理的にはおかしくありません。しかしUFOが存在し、それが他の惑星や太陽系から来た宇宙人の宇宙航行機であることが前提だとすれば、このエネルギーの存在における強力な傍証となることもまた事実です。

そのエネルギーを、本章冒頭で触れたように、仮にフリーエネルギーと呼ぶことにします。この名称はちょっと軽い感じがしてあまり好きではないのですが、世の一般名称として存在し、代わりのいいネーミングもないので、本書でもこの名称を使うことにします。

フリーエネルギーは、宇宙空間のどこにでも存在するエネルギーであり、真空エネルギーとも言います、なんて説明をしても、一般読者の方々は何のことだかさっぱりわからないでしょう。

最近では手っ取り早く「UFOのエネルギーです」と短絡的に言ってしまうことも増えました。もちろん、これもまったく説明にはなっていません。しかし少なくとも、相手の興味を引き付けることには効果があるようです。

さて、UFOの話題にタッチしたからには、多少なりとも私の個人体験について述べなければならないでしょう。

私はかなり以前からUFOを何度も目撃し、写真にも撮りました。というわけで、最近では

UFOを見ても、あまり感激しなくなりました。

ここ数年の間に何度も見ていますが、そのうちの数回は形状がまったく同じタイプのものでした。周囲に「フォース・フィールド」と呼ばれる薄い真円状のリングを伴った、ちょっと珍しいタイプです。

どうも本体を防護するための場(フィールド)を作っているように見えます。こうしたタイプは、今まで世界中で撮られた多くのUFO写真の中には見当たりません。

2005年6月6日の午前1時50分ごろには、キーン、キーンという、頭の中で響くような耳慣れない不思議な感じの音に呼び出され、慌てて自宅のベランダに出ると、オレンジ色のUFOがゆっくりと動いているのを目撃しました。

また昨年(2010年8月)は、UFOとそれが異空間から飛び出したときにできた、空間の渦(波紋)のような興味深い写真も撮ることができました(カラーページ参照)。

UFOが持つ未知のエネルギー技術

UFOのエネルギー源(動力源)はいったい何なのか?

皆さんの頭には、そんな疑問が湧き出てくるのではないでしょうか。

NASAによって飛ばされた月探査のための有人宇宙船アポロは、サターンV型と呼ばれる

巨大な燃料の燃焼による推進力では、せいぜい月、火星到達が精一杯。ロケット推進に頼らない新たな推進システムの開発は、人類に課せられた責務。

途方もなく巨大なロケットによって打ち上げられました。

このロケットは、底部の直径10メートル、長さ（高さ）110メートル、重さ3000トンという巨大なもので、その90％以上は燃料で占められていました。巡洋艦一隻を莫大な燃料で持ち上げるようなものです。

それだけ膨大な量の燃料を燃やさないと、たった3人の宇宙飛行士を乗せたアポロの宇宙船を月へ送ることはできませんでした。同じことは、現在プロジェクトは終了しましたが、スペースシャトルの巨大な燃料タンクを見れば、誰でも容易に理解できると思います。


UFOに宇宙人が搭乗し、他の惑星から飛んできているとすれば、その航行技術原理に関して、世界中の科学者が興味を持たないはずがありません。しかしそう思うのは、我々のような極一部の人種だけで、現実はそうではないようですね。そういう発想さえもできない科学者がほとんどです。

地球製のロケットで他の惑星に行くためには、航行というよりも「弾道飛行」がほとんどです。つまり、大砲の砲弾と原理的に大差ありません。

砲弾は火薬の爆発によって、砲身の長さを動く距離だけ加速され、砲身を出た後には慣性により弾道飛行します。しかし、砲身を離れたら決して加速されることはありません。

ロケットも同じです。

ロケットは自身に燃料を持っており、燃料が燃え尽きるまでは数分、ないし数十分間、継続して加速することができます。

従って、速度、到達距離は大砲の比ではなく、月、惑星まで探査機を運ぶことができます。

しかし地球の引力圏を脱した後は、慣性による弾道飛行のみであり、大砲の砲弾と同じです。

月まで行くには約三日間、最も近い惑星の火星でも半年はかかります。


NASAのアポロ宇宙船は、ロケット技術によって月まで人を送って帰ることに成功しましたが、他の惑星までロケットを使って往復するとなると、もはやほとんど不可能に近いものとなります。

なぜなら、帰りの燃料も膨大なものになるからです。

月にたった2、3人の人間を送るのでさえ、巨大なサターンロケットが必要でした。しかもそのほとんどは、燃料タンク。ロケットで宇宙旅行するのは月までが限界だろう、そう察しがつくと思います。

もちろんUFOには、火薬を爆発させ、轟音を発しながら飛ぶような低レベルの技術は使われていません。UFOが燃料漏れを発生するとか、帰りの燃料がなくなったと言って地球人に燃料を要求した事件など、これまで一度たりとも聞いたことがありません。

美しく発光しながら、無音で飛行し、排気ガスも出さないUFOは、誰が見てもジェット機やロケットと同じではないことは理解できるでしょう。

UFOはロケットとはまったく異なるエネルギーを使って航行しています。では、彼らはいったい、どのようなエネルギーを使用しているのでしょうか？

UFOが使っているエネルギーは、我々が知らない最も効率的で、最もクリーンなエネルギーです。

そんな素晴らしいエネルギーがあるのなら、ぜひ私たち人類も使いたいと思うのが当然でしょう。

清家新一氏のUFOとエネルギー理論との出合い

私が大学を卒業した年（1971年）の6月、大陸書房という出版社から、私の運命を決めた一冊の本が出版されました。

ちょっと大げさな言い方かもしれませんが、事実です。それは清家新一さんという方が書かれた『宇宙の四次元世界』という本でした。この本に巡り合ったおかげで、私は今もフリーエネルギーの研究をしています。

清家さんは東京大学の大学院を出られた方ですが、まだ学部の学生だったころからUFOの動力について、研究を開始されていました。

1950年代のアメリカにおいて、鮮明なUFO写真を撮影し、異星人とのコンタクトを公言したことで有名なジョージ・アダムスキーという人がいました。読者の皆さんは、アダムスキー型UFOとしてご存じだと思います。

清家さんは、彼の撮ったUFO写真の外観から、独自のUFO飛行原理とエネルギー理論を導き出しました。これは非常に難解な理論ですが、それを一般向けにわかりやすく解説したのが、私が出会った『宇宙の四次元世界』です。残念ながら、現在は絶版です。

私はこの本を、当時大学を卒業して勤めていた研究所の理事長の机の上で発見しました。大きくて古いシックな感じの理事長室の、同じようにシックな感じの机の真ん中に、一冊ぽつんと置いてあったのを今でもよく覚えています。まるで私に見つけられるために、そこにあった気がします。

もう故人ですが、私に清家さんの本を紹介してくれた京都大学卒の吉田理事長という方は、科学という学問分野に対して非常に柔軟な思考の持ち主で、発想も豊かな方でした。

明治生まれで、大らかな気質のこのような科学者は、現在ではあまり見受けられません。

私にとって運命の書ともなった『宇宙の四次元世界』に書かれていたのは、UFOは空間（※空気ではない）からエネルギーを取り出して飛んでいるということでした。

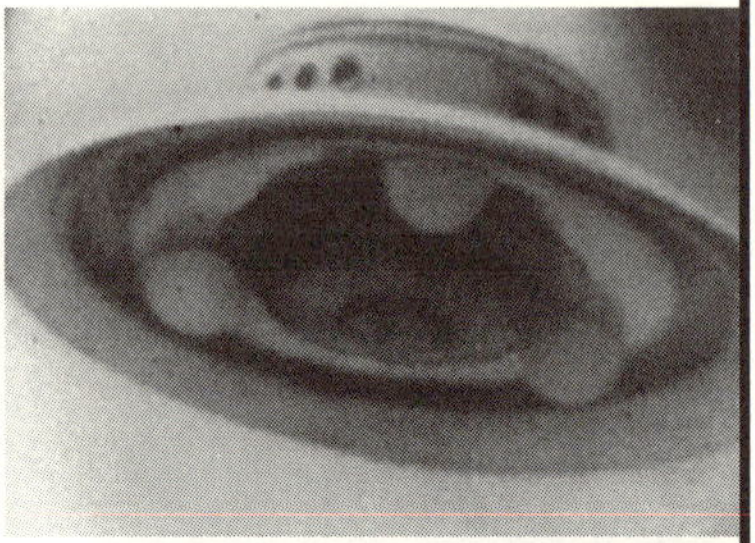
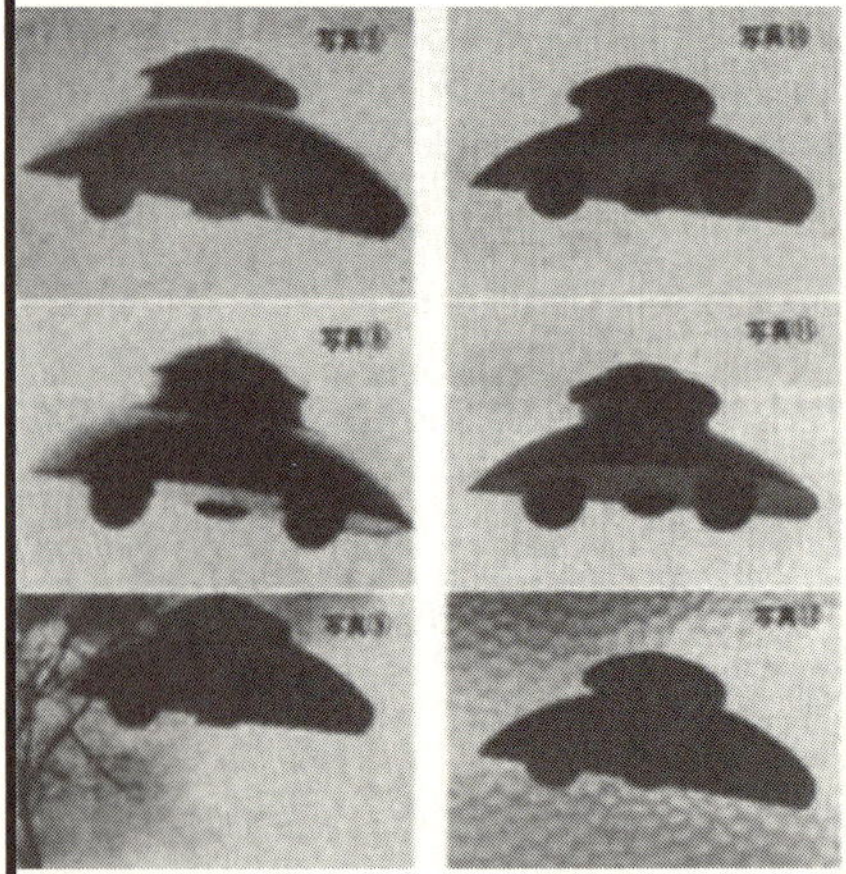
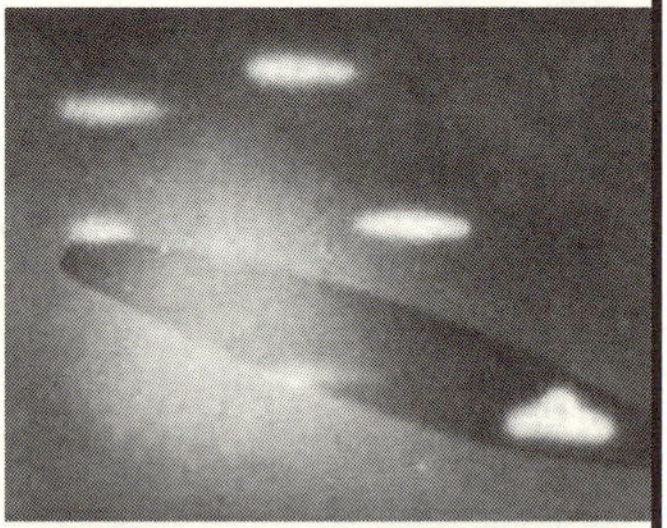
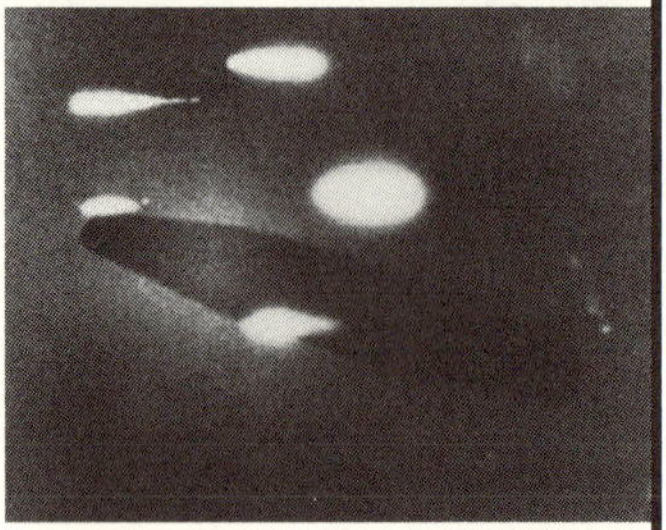

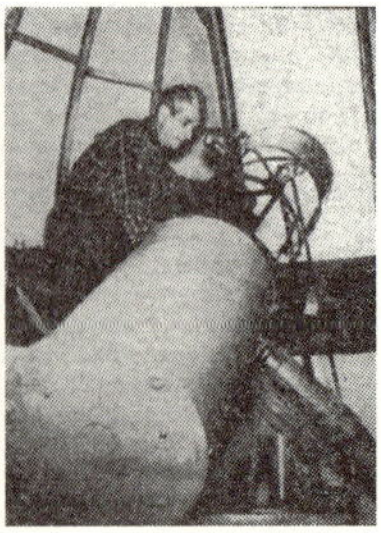

（左上）清家新一氏の著書。
（右上から）アダムスキーの円盤。（下）ありし日のアダムスキー。

空間には、地球上でも宇宙でも、「重力場」という無限のエネルギーが蓄積されており、それを取り出す技術を確立すれば、人類は無限のエネルギーを手に入れることができる……簡単に説明するとすれば、そういう内容です。

高度経済成長と呼ばれた時代の真っただ中、大気は汚れ、環境はますます悪化している状態でした。もし、清家さんの言う空間エネルギーが実用化できるなら、このような問題はすべて吹き飛びます。

まさに貪るようにして、私は『宇宙の四次元世界』を読みました。

エネルギーというのは物に潜んでいる状態

清家新一さんの提唱された空間エネルギーは、実にわかりにくいものです。

宇宙空間には、この地球上も含め、真空の宇宙の彼方まで空間エネルギーが充満しているのだと言われても、光も音もない、何もない空間がエネルギーを持っているという概念を、そう簡単には受け入れられません。

ところで、エネルギーとはいったい、何なのでしょうか?

こういう根本的な問いかけに対して、一般の方のほとんどは黙ってしまうかもしれませんね。

最近の高校では、物理の履修率が3割くらいだと聞きました。この状況は日本にとって、極めて危険なことだと思います。高校の物理では、次のように習ったと思います。「エネルギーとは仕事をする能力である」と。

では「仕事」とは何でしょうか?

これはもちろん、会社で行う仕事とか、各家庭で行う家事のことではありません。物理学の世界で言うところの仕事とは、「物体に加えられた力とそれによって物体が動いた距離の積」です。

こうした仕事をする能力、それが物理学上のエネルギーの定義です。

ひょっとしたら余計にわからなくなって、ますますピンと来ないという方も多いでしょう。だからこのあたりで、すでにフリーエネルギーに関する話が、面白くなくなってしまうのですね。

一番大切なのは、感覚的にあるいは直感的にわかる、ということです。

エネルギーというのは、非常に見えにくいものです。

仕事をする能力ですから、いわば「内側に秘められた活力」という意味になります。したがって、見えにくいのが当たり前です。このことを、次のような事例で考えてみましょう。

たとえば、「あの人はエネルギッシュな人」と表現すると、人並み以上にガンガン働き、まるでずっと動いているような人を指します。ところが、他人が見ているのは彼のエネルギーそのものではなく、彼のエネルギーが「放出された結果」の状態です。

そういう人ではなく、一見物静かですが、内側に潜在的にエネルギーを秘めたような人がいます。これが案外、本物のエネルギッシュな人なのかもしれません。

同じことがダムの水についても言えます。

静まりかえった森の奥にたたずむダムの水は、ひっそりとして物静かで、一見、大きなエネルギーがあるようには見えません。しかし、パイプを通して水流を作って落下させると、強大なエネルギーが発生し、発電することができます。これが水力発電の仕組みです。

つまりダムの水というのは、落下させて水流を作るまでは、巨大なエネルギーがあることがわかりにくいものです。

また石油（ガソリン）は、一見強い臭気のあるただの液体ですが、強力なエネルギーを持っています。ところがそれを感知できるのは、車が動いたときや石油ストーブを点火したときだけでしょう。

あるいは野外にある送電線は、一見細い銅線に見えても、内部では強力な電気エネルギーが流れています。それを感知できるのは、電車が動いたり、ランプが光ったりしたときですが、これは電気エネルギーを直接見ていることではありません。送電線に流れる電気は、直接見えないからです。

何が言いたいのかと言えば、エネルギーというのは物に潜んでいる状態であり、直接見たり感じたりすることは難しいということです。

そして、ここで気をつけていただきたいのは、ダムの水、石油、送電線などがエネルギーではないということです。抽象的な表現ですが、あくまでも「これらに潜んでいるものがエネルギー」ということです。

ちなみにその例外は、光と熱です。

光と熱は、我々が直接感知できるエネルギーの形態なのです。

すべての空間にはエネルギーが充満している

清家さんの空間エネルギーの話に戻ります。

しかし、これはもっとわかりにくいエネルギーです。エネルギーで、直接見えるものはほとんどないと述べましたが、空間エネルギーは真空にもあるエネルギーですから、これはまったくもって見えません。感覚的に捉えようもないというのは、まさにこのことです。

しかし最近の物理学では、真空にエネルギーがあるというのは、ほぼ常識となっています。

かつてノーベル物理学賞を受賞した南部陽一郎さんの理論も、エネルギーを持った一対の粒子が真空を満たしているという内容です。

また現在の天文学では、ダークエネルギー（暗黒エネルギー）と、ダークマター（暗黒物質）という未知のエネルギーと物質が、宇宙空間の95％以上を占めているという認識になっています。

我々が宇宙で見ている星や星雲は、宇宙の5％に過ぎないようです。

これらと清家さんの理論がどう結びつくかの詳細はまだ不明です。しかし、清家さんの空間エネルギーが、現代の物理学や天文学という世界から見ても、決して突飛なものではないとご理解いただけるのではないでしょうか。

そしてこのエネルギーは、宇宙に無限に存在します。

まったく感知できないこの空間エネルギーを、我々の使える電気エネルギーに変換すれば、無限エネルギー発電機、すなわち永久機関が作れることになります。

またこのエネルギーによると、これまでとはまったく異なる飛行方法、すなわち「反重力」による飛行方法も可能だということです。

これはUFOの飛行方法と同じです。

それはロケットやジェット機のように、膨大な化石燃料を消費して、耐えられないほどの騒音を発生させながら飛行する類《たぐい》のものではありません。

まったく無音で飛行し、美しい虹色に発光します。こんな美しい理想的な航空機に乗ってみたいと思いませんか？　宇宙にある無限のエネルギーを取り込みながら飛行できる航空機であり、同時に宇宙船にもなるのです。

こうした「見えにくい」空間エネルギーの一種を、わかりやすく感知できる方法があります。それは、磁石を手に持った状況です。

両手に磁石の同極同士を持って相対させると、両極が近づくほど強力な反発力を感じます。逆に異極同士を近づけると、強い吸引力を感じます。こんなことは皆さんもよくご存じでしょうし、こんな現象を見て、今さらながら不思議だなあと思われる方はほとんどいないでしょう。

しかし、ちょっと考えてみてください。

よく考えると、こんな不思議な現象はないと思いませんか？

磁石の間の空間には、力を伝えるようなものはまったくありません。しかし力だけは両方に働きます。中間にある空気が力を媒介しているわけではなく、「磁場」という空間が力を伝えているのです。

二つの磁極の間には、磁気エネルギーという一種の空間エネルギーが存在します。これは、目に見える磁石が本来持っているエネルギーではなく、その磁石の周辺にある「目に見えない空間が持っているエネルギー」なのです。

いかがですか？

まったく見えないけれど確実に存在する空間エネルギーのご理解に、少しでも役立ったでしょうか？

私たちにとっては空気のようなものであり、海の魚にとっては海水のようなものであること、そして通常はその存在を感じないけれど、無限に存在しているもの……空間エネルギーとはそんな存在だと言っていいと思います。

ということは、いくら使ってもタダ、つまりお金を使ってガソリンを買ったり、電気を買ったりする必要がなくなります。英語でいうところのフリーとは、お金がいらないとの意味があります。

つまり「タダのエネルギー」という意味が、フリーエネルギーなのです。

第二章

科学の限界と超効率の正体

閉塞感の根源にあるのは「世界のエネルギー源」

私の実家は愛媛県の松山市ですが、清家新一さんの実家兼研究所も同じ愛媛県の宇和島市でした。私は実家に帰省した折、清家さんの実家をよく訪問しました。そのとき、研究所となっている部屋を見せていただきました。

様々な実験装置や測定器とともに、UFOのような外観をしたG－ジェネレータの試作モデルがありました。

それを見た瞬間、抱いた正直な感覚は「あっ、やはり本気なんだ！」ということでした。

清家さんという人物を疑っていたわけではありません。

しかし、現物の実験装置を見たときは、ある種のショックに襲われました。もちろん良い意味で、です。本の中の世界だけではなかったわけです。

つまり、この世にUFOのエネルギーなどという、およそ信じられないものを真剣に追求している研究者が現実に存在したということです。

それは確か、私が大学を卒業して間もない、1972年だったと思います。

その当時としては驚きであると同時に、私は何とも言えない新鮮な感覚で満たされたことを覚えています。まるで自分の頭の上にある天井が吹き飛び、ぽっかりと宇宙が見えた感じでした。

当時、日本は絵に描いたような経済至上主義社会であり、物と金の価値観一辺倒で動いていました。

私はすでに科学および社会システムのすべてにわたって、強い閉塞感を持っていました。新しい光が見えず、どの方向に動いてよいのかわからない心の状態です。

今ならそれと同じような感覚を持っていらっしゃる方も世に多いと思いますが、当時から40年近く経っても、この閉塞感の根源はまったく改善されておりません。根本の原因は「世界のエネルギー源」なのです。

清家さんとの出会いが原因で、私は今日まで未知の空間エネルギーの追求を続けてきました。人の縁とは不思議なものですね。フリーエネルギーと同じように、何か未知の力が働いているようにも感じてなりません。

G－ジェネレータが呼び寄せたエマモーター情報

ところで、G－ジェネレータとは何でしょうか？

Gは重力場（gravitational field）のことで、ジェネレータは発電機のことです。つまり「重力場発電機」という意味です。清家理論によって重力場という空間エネルギーを、直接電気エネルギーに変換しようという試みです。

清家さんの重力研究所訪問がきっかけで、私も自分で実験装置を試作することになりました。真空管を6本使った独自の設計によるものです。

その結果、通常の電気常識では理解できない、実に不思議な現象を発見しました。その報告が、清家さんが発行する会誌に掲載されたのです。

その報告を見た、東京の田熊総合研究所という会社の山岡さんが、部下五人を引き連れて、私の実験装置を見学に来られました。

山岡さんという部長さんも、常識的な会社員ではありませんでした。東京から京都にある私の下宿まで、わざわざ見に来られたわけです。それも、当時は何者かわからない、一介の若者が作った実験装置を見るためにです。この好奇心も大変なものでしょう。

山岡氏ご一行が帰京した後、私に送ってくれた情報によって、再び私は大きなショックに襲われました。

それが、「エマモーター」の情報です。

米国からの驚愕《きょうがく》の情報でした。カリフォルニア州ロサンゼルスでは、エマモーターというまるで永久機関のような振る舞いをするモーターが開発されている、という内容でした。

エマモーター４号機　1973年

このモーターは、一度回転を始めると、あとは電気を再生しながらガソリンも電気も消費することなく、永久に回転を続けるというものです。

山岡さんは、このモーターも清家理論でないと説明できないのでは、と締めくくっていました。もし本当なら、まさにそのとおりでしょう。

「ついに出るべきものが出た……清家理論がアメリカで先に立証された。先を越されたか！」

私は悔しい思いに駆られました。

それと同時に、ある考えが頭をよぎりました。

「いや、待てよ。その情報がもし本物なら、このモーターを追求すると、より早くＵＦＯのエネルギーに到達できるかもしれない……」

私は再び、頭の舵取りを迫られることになりました。

科学者はなぜＵＦＯを否定するのか？

普通の科学者なら、永久機関のような動作をする機械の情報を聞いた途端、頭から否定します。

なぜなら、高校や大学で教わった物理学の「基本則」があるからです。

それは「エネルギー保存則」です。

これは「エネルギーは（空間から）湧いてこない」、つまり言い換えると「永久機関はない」という法則です。現在の科学はこの原理の下に作られています。

これを真っ向から否定する現象が、空間からエネルギーが湧き出すフリーエネルギー技術です。つまりUFOの技術ということになります。

ここに一般の科学者が「UFOのようなものは存在しない」つまり「遠い何万光年の彼方の天体から飛んでこられるような技術はあり得ない」と断定する理由があります。

私は、科学者とは人間が勝手に作った架空の絵空事である規則に縛られる、憐れな人種というイメージを持っています。

これは何も、科学だけではありません。およそ人間が作った法則、規則などというものに、絶対的真実はないのです。

現在真実に見える法則でも、未来においては必ずほころびが現れるものです。科学の法則というのは実にもろいものです。

たった一つの例外が見つかれば、それで否定されてしまいます。

つまり今、目の前にUFOが降りてくれれば、即エネルギー保存則は否定されるでしょう。少なくともその経験者にとっては、すでに否定されたも同然のはずです。

海を渡った「永久機関」調査隊

私が田熊総合研究所の山岡さんから受け取った情報が正しいとすれば、エマモーターは永久機関ということになります。

ところが面白いもので、70年代初頭の日本の科学者のごくごく一部に、永久機関に対して拒絶反応を示さない方がいたのです。

少なくとも、その情報がアメリカから日本に持ち込まれた際、「面白い、じゃあ、それを見にアメリカへ行こう」と決心された方が数人いらっしゃいました。勇敢で、知的好奇心に富んだ彼らのグループによって、その情報は日本に持ち込まれたのです。

エマモーターは、ロサンゼルスのエドウィン・グレイ氏によって発明されました。その情報は、まず藤木商品開発研究所の藤木優所長の所に、ハワイの日系2世の佐藤武雄氏からもたらされました。

この藤木さんという方、最近は藤木相元という名の観相師としてテレビなどに出演されています。脳相学者とも名乗っておられます。著書も何冊か書かれており、僧侶の格好をして登場し、タレントや主婦の方の顔を見て、明瞭で鋭い占いをされています。

テレビで藤木さんをご覧になられた方がいらっしゃったら、まさかあの藤木相元さんが、エ

エドウィン・グレイ（左から２番目）と著者（右）。

グレイ夫妻（左側）。Ｖサインは佐藤武雄氏。

マモーターに関する情報を日本で最初に受け取り、その後、調査隊まで組んでロサンゼルスまで見物に行かれた方だとは、ちょっと想像できないと思います。

藤木さんのタレントとしてのキャラと、人間としての幅広さがなかったら、私はひょっとしたらエマモーターに接することはなく、現在のフリーエネルギーの研究も挫折していたかもしれません。

「ガソリンも電気も消耗することなく、永久に回転するモーターがアメリカで誕生した」と聞いて、

「ほう！　じゃあそれを見に行こうじゃないか」

と決断できる人は、当時の日本ではこのときの調査隊になった人たちだけだったでしょう。

これが今から38年前、1973年のことでした。

彼らは、機械系技術者大山登氏（仮名）ほか、通訳を含む5、6人のメンバーで構成されていました。スポンサーとなったのは、肥田式強健術を創始された肥田春充氏の義理の御子息で、若き経営者の肥田彬氏でした。

このとき、元タクマの技術者だった大山さんが、エマモーターを見たときの印象と勘による判断と情報が、私にとって最も大切な研究の糧《かて》となりました。

運転を開始すると逆に冷えていくモーター

技術者だった大山さんは、エマモーターを見学するまでは「本物か偽物かはどうでもいいよ」という、ちょっと遊び半分だったそうですが、現物に接してその運転状況を見た途端、彼の頭の中はガラリと切り替わりました。

「技術者として信じられない現象を見た。このモーターには何か不思議な力が働いている……」

見学前までは何も期待していなかったが、エマモーターにはとんでもない力があったということです。これが、大山さんの結論でした。

その決定的な証拠となったのが、これでした。

「エマモーターは運転後、本体が冷却した」

運転後、本体は熱くならないどころか、内部のコイルには結露による水滴ができていました。電気を通じて回転させた後、冷えるモーターなどというものは、今現在でも地球上に存在しません。

科学の常識的な理論からも、これはあり得ない現象です。ところがこの現象を、調査隊のメンバーが全員確認したのです。

本物のフリーエネルギー装置は、やはり不可思議な挙動を伴うようです。

この情報を聞いた瞬間、私はあることを思い出しました。

それはUFOが飛び立つとき、周辺にあるコイルが赤く輝きながらも、まったく熱を持たないという状況です。

このような描写が、ジョージ・アダムスキーの著書『空飛ぶ円盤同乗記』（角川春樹事務所）にあります。エマモーターの技術とUFOの技術には、ある種の共通点があるようです。運転後に冷えるモーターの話を聞いた私は、全身がブルッと震えました。そしてその後、私は完全にエマモーターの不思議さにのめり込むことになるのです。

あるとき大山さんは、エマモーターの発明者であるグレイ氏に、小さな部屋に呼び出されました。

そこでグレイ氏は、秘かに大山さんに設計図を見せたということです。

実はその設計図は、UFOの設計図でした。グレイ氏はすでにUFOを試作することを考えていたのでしょう。そんなエキサイティングな話が、40年近く前の1973年ごろにはあったのです。

科学というものは、年代とともに進歩するとは限りません。

著者とエマモーター6号機。1976.1.9.L.A

不思議な動作をするエマモーターは、構造も常識離れした不思議で不可解なものでした。というのは、高電圧を発生し、火花放電を伴いながら回転するのです。電気の常識から見れば、このような非効率な構成のモーターはありません。ところがある回転数以上になると、この火花放電が何か未知のエネルギーを発生する源になるのです。

火花放電を発生しながら回るモーターは、ますますSF的な魅力を発散し、私の心をわしづかみにしました。

残念ながら、私はこの1973年の調査隊のメンバーにはなれませんでした。しかし今から考えると、このとき、現物を見なかったことが、より強く好奇心を増大させたと言えるでしょう。

その3年後の1976年、私は次に試作されたモデルを見ることになるのですが……ここから先、つまりエマモーターとの出会いは、私にとって「超効率インバータ・デゴイチ」という、科学常識を覆す画期的な起電力マシンの開発に結びついたと同時に、その前後には数奇な経験もしました。

そのエピソードは、私自身が今でも思い出すたびに震えが来るほどです。とても本章では書き尽くせませんので、次章以降、紙面を割きたいと思います。

本物のフリーエネルギー技術の価値

さて、本物のフリーエネルギー技術が完成すれば、その価値は「無限大」となります。

その理由は極めて簡単です。

本物が完成して普及すれば、石油、天然ガス、石炭といった化石燃料は、すべてエネルギー源として燃やす必要がなくなります。二酸化炭素の問題はまったくなくなるのです。

２０１１年3月11日に起きた東日本大震災でメルトダウンした福島第一原発の例を出すまでもなく、極めて危険で厄介な廃棄物を出す原子力発電所も不要です。気象条件に左右される、気まぐれな自然エネルギーも不要です。

地球上の資源であるこうしたエネルギー源を、フリーエネルギー技術は凌駕《りょうが》するからです。

今すぐにではありませんが、究極的にはそういう時代が来ます。それが、私の研究の主目的です。

もし成功すれば、たとえばそれは資源のいらない単なる発電機が一台発明されたのだ、という意味ではありません。

その根本原理を見つけたということは、その原理を「応用できる範囲」が著しく拡大することにつながるのです。

私はよく次のような質問を受けます。

「このエネルギーはどんなものに応用できますか？」

もし、ここまで読まれた読者の皆さんがこう聞かれたら、どう答えますか？　実はこの質問は、次の質問と同じ意味になります。

「電気はどんなものに応用できますか？」

現在なら、その答えは「無数」と答えてかまわないでしょう。

私たちの周辺にある便利なものは、すべて電気が使用されています。したがって、それがさっきの質問の答えとなります。

私がこれまで研究してきた間、「ついに完全なフリーエネルギー装置が開発された」というセンセーショナルな情報が、それこそ何度も耳に入りました。ところが、この種の情報には常に「何キロワットの出力の家庭用発電機が、一台いくらでまもなく発売予定」という情報を伴っていました。

これを聞いた瞬間、私はすぐにそれが偽物であると判断しました。

仮にそれを完成させたのが私であったなら、一台いくらで売るようなことはありません。

先ほど申し上げましたが、どんなに小さな出力の発電機でも、価値は「無限大」なのです。

原理をつかんだ者なら、それを元にすれば、大小すべての種類の発電機を産み出すことができるからです。

出現した瞬間、通り過ぎていった新技術

フリーエネルギーを最初に開発したのは、ニコラ・テスラであると言われています。科学界の超人、ニコラ・テスラ。しかし、その情報は完全な証拠としては残っていません。

仮説ですが、テスラの宿敵・エジソンやその周囲の関係者によって隠蔽・消滅させられた可能性が高いと思います。少なくとも現在、私たちが見ることのできるテスラの論文や特許に関する資料には、それを示すものはありません。

先述したエドウィン・グレイによって発明されたエマモーターは、テスラの研究が基礎になっているという話でした。

エマモーターは、私に研究の強力な動機付けを与えたマシンであり、私は一瞬だけ現物を見ることができました。しかしその後、イブグレイ社とともに、まるで煙のごとく姿を消しました。

現物のフリーエネルギー装置は、私にとって、まるでUFOのような振る舞いをしてくれました。

目の前に現れたと思ったら、その正体を見極める前に、フッと通り過ぎていったのです。真

実らしいと思われる情報の糸を手繰ると、そこはいつも崖っぷちにたどり着いたような経験ばかりでした。

しかし今になって考えてみると、それは当然のことかもしれません。信頼性のある情報は宝物と同じです。そんなものが道端に、勝手に落ちているはずもありません。

私は、自分が「楽をしよう」と思っていることに、気づきました。誰かが作った完成形に近いものがあるのなら、それを使ってその御利益をちょうだいしようという考えです。おこぼれを狙うという、まるでハイエナのような御都合主義を捨てない限り、もはや研究できないという立場に立たされてしまいました。

私は海図のない船出を迫られることになったのです。手元には、エマモーターやテスラの研究資料だけが、参考資料として残されました。

こういう研究は、すべての原理が解明された科学の応用品である電気製品や新車を開発することとは、まったく異なる条件なのです。すなわち、研究当初はどの方向に舵を切るべきか、まったくわからないものなのです。

「超効率」の真意とそれを達成した際に起こる異常現象

作家であり人間コンサルタントでもある船井幸雄先生の著書に、『超効率勉強法』（ビジネス社）があります。誠に恐縮ながら、私の紹介もしていただきました。

実は「超効率」という言葉は、フリーエネルギー研究者にとって、とても意味深い言葉なのです。これは「効率を超えたもの」という意味ですが、物理学の世界では、効率は100％を超えることはありません。

もしそんなことになったら、熱力学の「エネルギー保存則」を破ることになるからです。

ところでこの「超効率」は、100％以上の効率を意味する、いわばフリーエネルギー用語です。英語では、オーバー・ユニティ（Over-Unity）と言われます。

これはつまり、システムへの入力のエネルギーよりも、出力のエネルギーが大きいことを意味します。フリーエネルギー装置であるなら、必ずこの特徴を持っています。

ただし、この用語を一般の科学者や物理学者に振っても、それこそ100％通じませんので、どうぞお気をつけください。

多くの試行錯誤の結果、やっとの思いで作り上げたのが、「エーテルエンジン三号機」という試作機でした。

その詳細は五章で述べますが、この試作機を厳密に測定した結果、超効率（１１３％）を達成していることがわかりました。１９８８年、日本がバブル絶頂期を迎えようとしていたときのことです。

これまでの研究結果から、仮に超効率を達成した機械なら、エネルギー以外の点でも、何らかの「異常性」を観測できることがわかっています。たとえばエマモーターの場合、それは「運転すると冷却する」という特徴です。

ちょっと物理学上の難しい話になりますが、エマモーターの冷却現象を単純に解釈すると、モーターのコイルの電気抵抗が負（マイナス）になっていることになります。

エーテルエンジン三号機の場合、コイルの電気抵抗は負ではありませんが、実際よりも見かけ上、減少していることが測定できました。

要するに、フリーエネルギー装置の初期の段階をクリアしたことになります。

まさに姿が見えない「龍の尾」を捕まえた……そんな感じでした。

米国物理学会誌での論文発表とその計り知れない影響

エーテルエンジン三号機で達成したこの成果を何かの形にしなければ、極端な言い方をすると、私は「何もやっていない」ことになります。

最も強力な手段は、世界的に読まれている一流の学会誌に論文を掲載することでした。これができれば、科学の研究者としては最高の成果となります。私はある大学の工学部の教授から、一流学会の正式論文にすることを勧められ、大胆にもそれに乗ってしまいました。

「権威ある学会ではエネルギー保存則が破られているような内容は掲載されません。でも井出さんのは理論もあることだし、多少は見込みがあるかもしれない。トライする価値があります。やってご覧なさい」

「でも、いったいどんな書き方をすればいいんでしょうか?」

「実験結果で出ている現象を淡々と述べればいい。ただし、エネルギー保存則には触れないこと。そこは注意してください」

そんなやり取り以上に私が驚いたのは、その教授がおよそ私の研究などに興味を示しそうにない典型的な学者タイプの方だったことです。


そんな勧めもあって、私は英訳の手助けをしてくれた多湖敬彦さん（当時、東大大学院博士課程）や周囲の様々なアドバイスを受けながら、アメリカ電気電子学会（ＩＥＥＥ）に論文を投稿しました。

学会に論文投稿すると必ず、査読という手続き期間があります。複数の査読者が論文内容をチェックするというものです。この間数回の査読者との意見のやり取りを行いましたが、何と投稿から実に4年が経ったころに、担当編集者から掲載拒否の連絡が届きました。1994年1月22日のことです。

しかしその翌年の1995年6月、まるでIEEEにリベンジを果たすかのように、私は一連の研究結果を米国物理学会の『応用物理学ジャーナル』誌上において、正式論文として掲載することができました。

この学会は世界に冠たる存在であり、学会誌に掲載されると世界中の物理学者に読まれることになります。ここまでの過程は、エーテルエンジン本体を試作する期間の実に倍の日数を要しました。

しかし、それだけの価値は十分にあるものでした。

その学会誌が出版された直後から、多数の欧米研究者による反応が得られました。その一人が、MIT（マサチューセッツ工科大学）の故ユージン・マローブ博士でした。

マローブ博士は常温核融合の研究認定の件でMITと対立し、同校を去った人物です。MITに反旗を翻したマローブ博士が自ら編集・出版したのが『インフィニットエネルギー』誌であり、その同誌に私の論文の紹介記事が掲載されていると、知人で翻訳家の山本瑛一氏から教えていただきました。

私の論文の真髄をマローブ博士が完全に読み取っていたことは、私自身も驚きました。

さらにその4年後の1999年3月、NASA（米航空宇宙局）のラングレー研究所から、研究発表の依頼が来ました。これには当初びっくりしましたが、すべての原因が米国物理学会の論文にあることはすぐにわかりました。

私は1999年12月1～3日に開催された、NASAの「磁気浮上技術に関する国際会議」で、新しい論文を発表することができました。

そのためには、限られた時間内で英語の論文を仕上げる必要がありましたが、自分でも驚くほど、頭が回転した記憶があります。

公に発表できる研究内容としてはすべて、これら二つの論文に表すことができました。これまでに得られた成果を理想的な形で発表することができたわけです。

このあたりのいきさつは第六章で詳述します（不思議な体験があるので）。

ファラデーも発見できなかった「第3起電力」

私が書いた二つの論文のテーマは、「第3起電力」です。

これは私が発見したものであり、フリーエネルギー技術と結びつくものです。ちょっとだけ話が難しくなるかもしれませんが、できるだけ明確に解説してみたいと思います。

読者の皆さんのほとんど誰もが、科学は日進月歩であると思っておられるでしょう。世の中のマスコミや科学者がそのような論調だからです。

しかしよく検証すると、それが単なる幻想であることがわかります。

確かに技術は進歩しています。

しかし、これを支える根本の科学や原理は、そうとは限りません。現代科学技術の代表であるコンピューター、半導体、ジェット機、ロケット、原子力などは、すべて第二次世界大戦当時に開発されたものの延長であり、その根本原理は開発された当初とまったく変わっていません。

そんな言い方をすると「まさか?…そんなバカな」と驚かれると思いますが、これは事実です。ただし、技術は格段に進歩しています。コンピューターなどの性能は、大戦当時とは比べものになりません。

しかし、それらとは比べものにならないほど、つまりもっと長い間、まったく進歩していない科学があります。

それが「発電方法」です。発電原理と言ってもいいでしょう。

発電方法というのは、厳密に言えば1831年から実に180年近く、まったく進歩していません。

現在、私たちが使っている発電所で作られる電気は、1831年、英国王立研究所のマイケル・ファラデーが発見した「電磁誘導の法則」という原理で作られています。

皆さんが乗っている自転車の前輪のすぐ脇に付いて、タイヤでクルクル回してランプを点灯する小型の発電機から、超大型の原子力発電所の発電機まで、その原理はまったく同じ、すなわち「電磁誘導の法則」です。

ここに科学者マイケル・ファラデーの偉大さがあります。

余談ですが、ファラデーがもしこの原理で特許を取っていたら、今の世界ではどういうことになったでしょうか?

彼は純粋な科学者ですので、そういうことに興味はなかったはずです。欲の話ですみませんが、ファラデーの偉大さを理解していただく手段として、そんな話をしました。

私が発見した「第3起電力」というのは、第3電磁誘導とも言えるもので、そのファラデーでも見つけられなかった電磁誘導現象です。

私は自分で勝手に、ファラデーが発見した電磁誘導を「第2起電力」と呼んでいます。「第3起電力」とは、ファラデーの電磁誘導から独立して、その上に存在する現象というわけです。

第3起電力の大きな特徴は「力の方向が逆に働く」ことです。

これを簡単に説明すると、いわば「追い風」のような起電力だと考えてください。もし、今読者の皆さんが走っているとすると、その際にいやでも働く空気の抵抗（要するに向かい風）が、ファラデーの起電力です。

ところが第3起電力は、まるで追い風のように「背後」から働きます。その結果、皆さんは本来より速く走れることになります。本来持っているはずの自分の能力よりも、余分のエネルギーが出るというわけです。

このような起電力が発電機の中に発生すると、その効率はゆうに100％を超えます。これが「超効率」であり、フリーエネルギー現象なのです。

具体的には、発電機の中の磁場の構造を、従来とはまったく異なる構造に変えると、こうした「反作用を打ち消す未知の力」が発生するのです。

超効率発電機の完成で、世の中はどう変わるのか？

近未来において、必ずフリーエネルギー技術が確立されます。だからここでは、その予測されることを具体的に述べてみます。

まず、原子力発電所や火力発電所が不要となります。これらの発電所は事故その他の危険を回避するために、いわば僻地に建設しなければならず、そのため自然や風景を破壊してしまう送電塔や送電線を野山に作る必要がありましたが、これもすべて不要となります。

山の自然環境を破壊して、水力発電用のダムを作る必要もありません。

無公害なので、電気の消費地と密着した場所に小規模な発電所をたくさん作ることで、場所の問題と同時に環境問題を解決します。その結果、街中から電柱をなくすことができます。

また、国家間での石油資源の奪い合いによる紛争がなくなります。

ガソリンエンジンはフリーエネルギーによる電気モーターへとチェンジします。もちろん、排気ガスはゼロ。現在の電気自動車のように、定期的に充電する必要もありません。

これだけでも、とんでもない革命的なことです。地球の雰囲気が変わるほどの美しい社会となるはずです。

皆さんの家庭の電気代は、ほとんどゼロになります。水の電気分解によって水素ガスをいくらでも作ることができます。これによって調理用のガスの代替となる火力を使うことも可能です。

要するに、エネルギーがタダになるのがフリーエネルギーです。

さらにその延長には、電気モーターで走るのではなく、磁力で浮上して走る無音の車を作ることも可能でしょう。ただしこれには、まだ別の原理の発見が必要となります。

そしてそれを、宇宙に飛び出すほどのものへと発展させれば、本物の宇宙船になります。こうなるともはや、UFOという言葉は死語になるでしょう。未確認飛行物体ではなく「真のスペースシップ」です。

フリーエネルギー技術を確立すれば、これらのものを実現するための鍵をすべて握ることになります。近未来ではなく、もっとずっと近い未来に、その実現の可能性が期待されるのです。

さて第三章からは、本章で述べたエマモーター、エーテルエンジンなどにまつわる驚きの秘話、さらに長年の研究の結果、私がついにその開発に成功した、超効率インバータ「デゴイチ」にまつわる超不思議な話を詳述したいと思います。

どうぞお楽しみに。

第三章

謎のマシンとの数奇な出合い

永久機関ができなかったからエネルギー保存則がある

　さて、いよいよ第三章以降は、私が「デゴイチ」開発の成功に至るまでの道のりを、できるだけ詳細に、正確に述べたいと思います。

　これらは私の生涯を賭けた研究の「唯一の記録」です。


「井出さん、私はエネルギー保存則など捨てましたよ。発電機のある部分は、ニュートンの作用・反作用の法則も破っていますからね」

　以前、私にそう語った人物がいます。

　日立市にある大手総合電機メーカーの研究所に勤務する、私の知人です。彼は超電導技術を利用した高効率の発電機の研究に、長年取り組んでいました。そんな研究者が、最も基本的な二つの物理学法則を、あっさりと否定したのです。

　ニューサイエンス関係などのマニアが発言したのならともかく、エネルギー変換技術における最先端研究者のセリフですから、聞き捨てなりません。

　第二章でも触れましたが、ここで再度、説明しましょう。エネルギー保存則は高校の物理で教えられます。文科省検定済みの教科書には、次のように書かれています。

「あらゆる自然現象におけるエネルギーの変換では、それに関係したすべてのエネルギーの和は一定に保たれる」

抽象的でわかりにくいですね。この言葉を私流に解釈すると、こうなります。

「エネルギーは湧いてこない、そして永久機関は存在しない」

この法則は物理学の大原則と言われ、全宇宙のあらゆる現象において成立すると思われています。ちっぽけな地球にいながら、宇宙共通の法則としてしまったところに、人類の痛い部分が見え隠れしますね。

科学技術者でこの法則を否定する人は、とりあえずいません。皆無です。

この法則は二人の学者によって確立されました。マイヤーとヘルムホルツです。

意外にも彼らは物理学者ではなくドイツ人の医師でした。1842年にはマイヤーによって論文「無生物界における力についての考察」が、1847年にはヘルムホルツによって「力の保存について」というタイトルの論文が、それぞれ発表されています。

ヘルムホルツはその論文で、「力学的、熱、電気磁気のエネルギーは、形を変えても総量は保存される」と論じました。これで、ほぼ現在のエネルギー保存則の原型ができ上がったわけです。思想としてのエネルギー保存則ですね。今から164年前です。

それ以降、あまりにも物理学の巨大な領域に網をかけてしまったこの法則（思想）は、否定されるどころか、逆にどんどん神格化されました。

もちろんその間、それに反する現象がまったく見つからなかったわけではありません。しかし、ほとんどの物理現象に当てはまる便利なこの法則は「物理学という宗教の教典」になってしまいました。

実はこの法則が発表されるまでは、錬金術と同じく永久機関を追究した歴史がありました。先人たちは水車、歯車、滑車などを組み合わせて、外部からエネルギーを入れることなく永久に動き続ける機械を作ろうとしました。

賢明なる読者の皆さんは、すでにお気づきだと思いますが、この世はあくまでも自然現象が先にあり、法則と名のつくものはどんなものであれ、人間が作った仮説に過ぎません。人間が実験を繰り返して作った末の絶対真実の法則なんて存在しないのです。すべては仮説です。

つまり、エネルギー保存則があるから永久機関ができない（存在できない）のではなく、永久機関ができなかったからエネルギー保存則がある。これが正しい表現ではないでしょうか？「○○法則があるから、そんな現象はない」という考え方がおかしいのです。

これについてはもう一つ、世の中の科学者は根本的な論理の矛盾を無視しています。エネルギー保存則は熱力学の法則の一つとして生まれました。ところが、電気磁気学は、まったく独自の経路を通って誕生しました。すなわちその中に熱力学のコンセプトと方法に入り込むことはできないはずです。ところが今の科学者は電気磁気学が熱力学の中に組み込まれているように扱います。

これはとんでもない間違いです。物理学を全世界とすれば、アメリカ人に北朝鮮の法律を守れと言っていることになります。熱力学の法則は、物理学のローカルな一つの分野に過ぎないわけです。

つまりファラデーやマクスウェルによって独自に作られた電磁気学は、熱力学の法則の一つに過ぎないエネルギー保存則などを順守する必要など毛頭ないわけです。事実、電磁気現象から、そのほころびは現れてきます。

エネルギー保存則とは一種の思想です。

現在、私たちが知っている現象の範囲内においては正しい、という「経験則」に過ぎません。だからそれを破る現象があっても、まったくおかしくありません。ただし、本当に破っているかどうかについては、厳密な検討を要します。

なぜなら、まだ見つかっていない未知のエネルギーがあるかもしれないからです。

不思議な観相師との出会い

「一度、回り出したら止まらないモーターがあるというのだが……どう思うかね？」

「なるほど……」

この会話は、日本にエマモーターの情報が侵入した瞬間でした。会話の主は、前述した藤木相元氏と大山登氏（仮名）です。

藤木氏にコメントを求められて思わず言葉を詰まらせた大山氏は、その瞬間、心の中で感じたそうです。

〈ついに出るべきものが出たぞ！〉

藤木相元氏（本名、藤木優）は、この当時、新しい技術情報を製品化する藤木商品開発研究所の所長でした。ちなみに彼は、作家の故五味康祐氏の従兄弟でもあります。藤木氏が観相師を始めたきっかけは、五味氏の影響もあったと聞いています。

私はある会社のオフィスで藤木氏に初めて会いました。

テレビでご覧になった方は、藤木氏の滑らかな喋り方をご存じだと思います。私の藤木氏に対する最初の印象は、まさにそれでした。

滑らかな口調で知り合いの社長を相手に、藤木氏は商品開発の持論をぶっていました。その内容は開発中の健康器具の話だった気がします。そういうものに対する無理解な大企業や御用学者への反発心などを、早口で話していたように記憶しています。

最も印象的だったのは、オフィスに入ってきた初対面の私の顔を、まだ紹介もされてないうちに何度も振り返り、凝視したことでした。社長を相手に喋りながらも、キョロキョロするので、私の顔に何かついているのかと疑いました。もちろんそのときは、藤木氏が観相術の名人であることなんて、まったく知りません。

大山登氏は神戸大学工学部卒。(株)タクマの元技術者です。私にエマモーターの情報を知らせてくれた田熊総合研究所の山岡氏の知人でした。タクマに在社中、当時としては画期的でベストセラーになった「小型単管式高性能ボイラー」を開発した人でもあります。

エマモーターの情報が入った当時、大山氏は都内・青山の某マンションの地下に独立した研究所を持ち、藤木氏の技術情報を試作したりしていたそうです。

最初に大山氏と接したのは、私がまだ京都の研究所にいるときでした。

山岡氏からの紹介で、大山氏は東京から研究所にいた私に電話をかけてきました。顔も知らない相手にいきなり一時間以上もの長電話をしたのです。しかも、東京から京都へ。そのときの印象はと言えば、落ち着いた声で、実に丁寧な話し方をする紳士という感じ。彼の目的は、エマモーターの研究を一緒にやらないかということでした。

山岡氏からの手紙と資料で、すでに私の頭はエマモーターで一杯でした。だから私はこの提案に、一も二もなく同意しました。

実はその大山氏は、その時点ですでに藤木氏らと一緒に渡米し、エマモーターの試運転を見学した後だったというわけです。

常識を逸脱した情報は人を選んで入ってきた

その大山氏は、初めてエマモーターを見た印象を技術者の目から冷静に判断し、私に納得がいくよう懸命に話してくれました。大山氏はそのとき、私がまったく普通の電気技術者であり、エマモーターのような異常な動作をする機械には懐疑的な目しか持っていないと思っていたのだと思います。

だから大山氏の説明は、必要以上にくどかったのをよく覚えています。

「明らかに常識ではない構造をしたモーター」

「意味不明の不思議なコイルが使われている」(UFOのパワーコイルを連想)

「技術者として異常な現象を見た」

周囲の技術者には、誰もそれを理解する者がいないのだという孤独感も読み取れました。このことは私に、より一層エマモーターの動作についての確信を与えるものでした。

藤木氏と大山氏は、それからの私の「エマモーターとエーテルエンジン」の研究において、紆余曲折《うよきょくせつ》を伴いながらも大変重要な人物となりました。二人は似ているようでまったく異なる個性の持ち主でもあります。

そしてはっきりと、言えることがあります。それは、

「常識を逸脱したエマモーターの情報は人を選んで入ってきた」

ということです。

万が一、藤木氏以外の人にエマモーターに関する情報が入ったとすれば、調査隊はアメリカに行かなかったでしょう。おそらく頭から否定してかかったと思います。そしてその情報は、間違いなく私には入らなかったと考えられます。

今でもその「出会い」が偶然だとは思えないのです。

大山氏からの電話の中で、私は東京に出ていくことを約束しました。彼の手元にはアメリカから持ち帰った多数の資料やビデオがあるとのこと。とにかくそれらを一度見てほしい、ということでした。

私は早々と研究所の休暇を取って上京しました。

待ち合わせ場所にした六本木の防衛庁（当時）の前で、まるで衛兵のように立っていると、ムスタングに乗って大山氏がやってきました。

そこから車で赤坂のＴＢＳに行き、局の地下にある「サクソン」でカレーを食べました。東

京にはおいしくて洒落たカレーの店があるものだと、私は感心しました。

田舎者丸出しで、読んでいる方にとっては実にくだらないことかもしれませんが、こういう興奮時は体験を一つひとつ、克明に記憶しているもの。次に出てくるだろう事柄に対する期待が大きいからです。

何とかエマモーターを日本で試作したい

食事を終えて、次に大山氏が案内してくれたのは「プライムオーガニゼーション」という会社でした。確か六本木の交差点の近くです。

プライムの社長は肥田彬という人で藤木氏や大山氏と違い、私より少しだけ歳上の若い社長でした。同社はいわば芸能プロダクションのような会社だったようです。

肥田社長は、健康法「肥田式強健術」の創始者である肥田春充氏の義理の御子息でしたが、実は彼こそが、藤木氏らを中心とした初期のエマモーター調査団のスポンサーでした。

しかし私のそのときの見立てでは、肥田社長はまだエマモーターの真の価値について完全には理解していないように見えました。

私はそういうモーターがあり得るものであり、実用化すれば無限の価値があることを力説しました。すると思いが通じたのか、肥田社長は急に気が乗ってきたような話しぶりに変わりました。

そのプライム社内の小部屋に、大山氏はエマモーター専用の研究室を作っていました。そこには写真やビデオなど、現地で調査した資料がすべて置いてあります。

当時は現在のように、ビデオデッキが一家に一台という便利な時代ではありません。ポータブル型としては赤井電機製のオープンリールタイプのものが設置され、モノクロでしたが、当時の私などにはとても買えない高価な代物でした。

その他、オシロスコープ、ペンレコーダー、マルチメーターといった、当時としては高価な測定器がそろっていました。これらを全部、アメリカまで持って行ったとのこと。それらの測定器で取ったデータも残っています。

こういう場合、ビデオという映像記録装置がいかに迫力あるか納得できます。発明者のグレイや、その研究所の様子などがリアルにわかりました。

記録映像の中でも、エマモーター実演の模様は圧巻でした。

磁石反発テストというエマモーターの基本動作を示す実験装置がありました。コンデンサーの電荷で電磁石を反発させる実験ですが、これも録画されていました。

大山氏によると、イブグレイの研究所の中ではビデオを回しっぱなしだった、という話でした。

しかしながら、このように苦労して撮られた貴重なビデオ資料は、一部を除いて、ほとんど行方不明になってしまいました。プライム社が倒産してしまったからです。

読者の中には「悪い連中にやられたのか？」とお考えの方がいらっしゃるかもしれませんが、これはエマモーターが原因ではありません。当の肥田社長ご自身は、最後までエマモーターだけは何とかしたいという強い意志を持っておられたことを付記しておきます。

大山氏の希望は、「何とか日本でエマモーターを試作すること」でした。

そのためのパートナーとして、私のような、こんな機械に興味を示す変わった技術者を探していたのです。

しかし、無情にもその望みはプライム社の倒産とともに消え去ろうとしていました。世の中って、すんなりと事を運んでくれないものなんですね。

エマモーターはＵＦＯ技術の端くれに過ぎない

そもそも藤木商品開発研究所に飛び込んできたエマモーター情報の発信源は、ハワイ在住で日系2世の佐藤武雄という人からのものでした。

実はこの佐藤氏、エマモーターの発明者であるグレイ氏より依頼されて、日本への広報セールス活動を任されていたのです。イブグレイ社と日本のパイプ役ですね。

私が東京に出てきた年のこと。宿泊先のホテルに、私は佐藤氏を訪ねました。当時の佐藤氏は、すでに70歳を超えていたと思います。

日本語はあまりうまくありませんが、大げさな身振り手振りの話っぷりはまったくのアメリカ式で、実に面白いおじいさんでした。

そんな佐藤氏は見慣れないUFOの写真をたくさん持っていました。

「これらの円盤はサイラス・ニュートンという人が作ったものだ」

「彼は宇宙人なんですかね……?」

サイラス・ニュートンという名前は、このとき初めて耳にしました。

その後、その人物がフランク・スカリーという人の書いた『UFOの内幕』(たま出版)という本に登場する謎の人物であることを知りました。この本は1950年にアメリカで出版され、墜落したUFOとその調査のことが書かれたものです。

佐藤さんが言わんとすることは、つまりこういうことでした。

「エマモーターなんて、UFO全体の技術から見れば、たいしたことはない。端くれに過ぎない。もっともっと、凄い技術が開発されているんだぞ!」

今でこそ、そうした情報はたまにテレビなどで紹介され、本や雑誌にはいくらでも書かれています。しかし、私がこれを聞いたのは1973年。今から38年前です。懐疑的になったのも無理はありません。かなり飛躍した思考の持ち主だった当時の私にとっても、あまりにも飛躍した情報でした。

佐藤氏の言うように、エマモーターがそれらの素晴らしい技術の端くれなら、そのまた端くれでもいいから欲しい、というのが本音でした。

ハワイの佐藤氏経由で入ったエマモーター情報は、藤木氏や大山氏の間で一時期、物議をかもしたに違いありません。単なる資料だけではなく、多くの写真や小型の模型まで添えた上で、佐藤氏から持ち込まれたのですから。

普通の日本人なら、それらを酒のつまみにでもして、何だかんだと言いたいだけ言い合って、しばらくすると忘れ去ってしまうでしょう。

仮にその情報が大企業の付属研究所や開発部に持ち込まれたとすれば、日本のどの企業に持ち込まれても「即ボツ」だったと、私は断言できます。いや、おそらく一人か二人の関心を示す研究者はいるかもしれませんが、コンセンサス（合意）を重んじる日本の大企業体質では、そんな得体の知れないものを研究対象にすることはあり得なかったでしょう。

偽物だったらディズニーランドで遊んでくればいい

根本的に新しいものを開発するときに必要なのは、「君主」か「独裁者」です。

本当に未来を見通す目を持った独裁者が必要なのです。

誤解を恐れずに言えば、アドルフ・ヒトラーという人物は世界中で悪の代名詞にされていますが、科学技術上はそうではありません。このことは、ナチスドイツが第二次大戦中に生み出した数々の新技術をチェックすれば理解できます。ロケット兵器であるV2号がなかったら、アメリカとロシアの宇宙技術は生まれていませんでした。

科学の進歩にとって、民主主義的方法は邪魔でこそあれ、何の価値もありません。画一的な学校教育によってマインドコントロールされた方法でしか、物事を考えられない人間が社会の多数を占めれば、物事はそちらへと傾いてしまいます。

コンセンサスや多数決は、科学技術発展の元凶だと私はこの場で断言します。


藤木氏や大山氏は一般的日本人の発想ではありません。ジョークを知っていました。

「いくらこちらであれこれ考えても、物を見ない限り、結論は出ない。ロサンゼルスのイグレイ社まで調査に行ってみようや」

「もし偽物だったら、ディズニーランドで遊んでくればいいじゃないか」

事実はそんなノリだったそうです。

たとえ物見遊山が目的であっても、心の遊びができる性格の人がそろっていたからこそ、エマモーター調査へと足を運べたんだと思います。

こうして決まったのがエマモーター調査・第一陣です。メンバーは肥田社長、佐藤氏、藤木氏、判定する技術者として大山氏、通訳の吉田氏、それに他の有志。1973年5月初旬のことでした。

私はその後、かえすがえすも悔やんだものです。

「なぜこのメンバーの中に、私がいなかったんだ……」

なぜなら、神秘的な異常動作をしたエマモーター四号機は、結局、このメンバーしか見ることができなかったことになるからです。彼らがロサンゼルスで見たこのエマモーター四号機は、その後、不可解な運命を辿ることになります。

よって、ここからのエマモーター四号機の調査隊の話は、主として藤木氏と大山氏から私が伺った情報であることを添えておきます。

ソニー、フォード、GMの出身者たちが創業者に協力

イブグレイ・エンタープライズ社は、ロサンゼルス市街からひと山越えたところにあるヴァン・ナイズという町にありました。倉庫風の建物の中にあり、会社というよりも研究所です。

社長はエマモーターの発明者エドウィン・グレイ氏で、イブリンという名のブロンドの美人

秘書はグレイの奥さんです。イブグレイというのは「イブリン＋グレイ」からきていました。

彼らが訪問した当時、イブグレイ社にあったのはエマモーター試作四号機です。

ここまでに至る研究経過と、グレイ自身の経歴について、ジャック・スキャグネティというジャーナリストが1973年1月に『プローブ』という雑誌に書いた記事をここで紹介します。

〈エドウィン・グレイは現在48歳である。このような従来のものとまったく違ったモーターを開発することができた理由は、彼の通常ではなかった教育によるものである。彼は14人兄弟の一人である。少年時代から磁石とか電気をいじって遊ぶことが好きであった。

彼は15歳で家を出て、1年間、米国陸軍に入隊した。ところが規定の年齢に達していないことが判明して除隊になった。この期間に彼は陸軍の技術学校で学んだ。

日米戦争が始まると、彼は再び海軍に入隊した。3年間、太平洋海域で戦争に参加した。除隊後、機械工となった。そして電気磁気動力の実験を開始し、エネルギーの保存について厳密に検討した。

数年間の実験研究の結果、1961年にエマモーターの最初のテストを行った。モーターは少し回って故障した。彼は第二号のモーターを製作、そのモーターは1時間半回って故障した。

第三号の試作機は、各種の自動車の駆動装置や試験装置を取り付けて、32日間稼働した。その後、そのモーターを分解して、詳細な報告を書いた。しかし大企業や金融業者から融資を拒

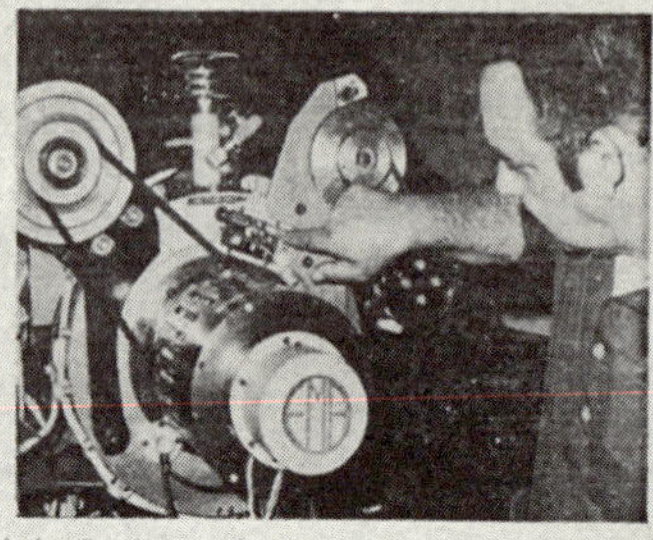

THIS IS THE 'EMA,' which can run perpetually on batteries that recharge themselves, develop 1,000 horsepower per unit.

Miracle No-Fuel Electric Engine Can Save U.S. Public $35 Billion a Year in Gasoline Bills

BY TOM VALENTINE

Copyright 1973, The National Tattler

(Second of Two Articles)

An inventor and his small but stubborn team of engineers has devised the most revolutionary technological advance in the history of mankind: A power source that uses no fuel.

As reported exclusively last week in TATTLER, the astonishing new system creates electricity without consuming the world's dwindling supply of fossil fuel, without creating pollution, and without using costly and unsightly transmission lines.

The first and most vital outcome of the theory that is forcing the science of physics to revise its fundamental assumptions is the "EMA" electric engine—a power plant that dooms noisy, dirty gasoline motors.

That means that the nation would no longer have to consume expensive and befouling gasoline. According to figures from the American Petroleum Institute, the anticipated consumption this year is 100 billion gallons at least $35 billion worth at the pump.

Invented by Edwin Gray Sr., 48, of Van Nuys, Calif., the engine has been tested and is being perfected by him and his associates in EvGray Enterprises.

The silent, pollution-free EMA recycles its own energy and can run indefinitely.

Gray's prototype is powered by four six-volt batteries which "will wear out before they'll run down," as the inventor puts it.

Edwin Gray Sr.

"WE CAN GO up to 1,000 horsepower with a single unit, or down to a miniature toy size."

The latter units, in fact, will be among the first products EvGray manufactures. They'll run off a tiny battery unit.

How?

Gray and his engineers, Richard Hackenberger and Fritz Lens, explained to TATTLER that they have found a way to use both the positive and negative particles of electricity separately.

The technicians demonstrated for this reporter the phenomenon of electromagnetic repulsion—the power source for the EMA.

TWO MAGNETS, each weighing 1 3/4 pounds were repelled apart with an explosive force, but the magnets did not heat up and 99 per cent of the energy recycled to the battery.

The same "cold" energy repelling magnets, arranged on a flywheel, run the motor.

Hackenberger, an electronics specialist, explained: "A series of high-voltage energy 'spikes' are developed by our circuitry. These energy units are transferred to a control unit, which acts much like a distributor in an internal combustion engine."

The control unit is the key to the motor's efficiency. It regulates the energy spikes to determine the polarity (north or south) and directs the voltage into selected electro-magnets in the main unit.

"Every time a magnet is charged, most of the energy is recycled back into the batteries without losing power," Hackenberger said.

THE EMA has been tested thoroughly. Its efficiency is undisputed.

"Engineers and physicists who see it operate have a hard time believing their eyes," Gray said. "One professor from UCLA insisted we had some sort of laser beam running it, and even though we moved it from room to room, he wouldn't believe it."

While the motor was running, Gray spun it around in a complete circle to demonstrate that it operated at any position.

The experimental model engine is 42 inches long, 18 inches wide and 22 inches high about the size of a standard six-cylinder mtoor.

IT TURNED better than 2,500 revolutions per minute for more than 20 minutes. The power input came from the four six-volt batteries. At the end of the trial they were tested and found to be as fully charged as they were at the beginning.

It generated 100 horsepower and 66 pounds of constant torque. The brake horsepower tests out at 32.86.

The motor has only two bearings which require lubrication, so maintenance costs will be minimal; it operates at a maximum temperature of about 170 degrees and is cooled by compressed air.

There was no vibration and the noise level was about the same as any kitchen appliance, this reporter observed.

It started with the flick of a switch. It can be accelerated or slowed by any mechanical device which programs the control unit. This means the customary foot pedal could be used for driving purposes.

GRAY DISCOVERED how to make this remarkable engine back in 1958. He fought frustration and scepticism for 10 years before finally getting about $1.1 million to help build and prove the prototype.

The search for an efficient, clean engine has cost taxpayers nearly a billion dollars in government research grants over the years.

Ed Gray did it on a fraction of that and a new direction for mankind has been uncovered.

Unique All-Girl Diving Co.

Christine Bouse, the girl at the left, may be the only teenage girl in the world to run her own underwater salvage company. While other girls her age are busy with boys, clothes and record albums, 16-year-old Chris spends most of her time in scuba diving gear at the bottom of some Florida river or lagoon. Chris, together with her partner, 18-year-old Linda Marquiz, and five other 18-year-old girls, operates Sea Queen Salvage—probably the only licensed commercial diving company anywhere staffed entirely by attractive young women. Chris, pictured here with her sister, Carol Beth, works, however. She inherited her skill in the diving business from her father, Clyde (Buddy) Bouse, (at right) a 22-year veteran of underwater salvage work. "Chris is as good as diver as I'll ever be," said her father.

当時の新聞記事

絶された。
1971年に有限会社を設立して、エマモーター試作四号機を製作した。200人近い一般市民の協力によって、イブグレイ社は110万ドルの資金を得た。これによりエネルギーを再生する方法を生み出し、磁気の新しい利用方法を提案したのである〉

その肝心の四号機は、部屋の片隅のカーテンで仕切られた部屋に、まるで御本尊のごとく置いてありました。機械の技術者である大山氏はそれを見た瞬間、かなりのプロの技術が入っていることを確信したそうです。

つまりこの手の発明品にありがちな、町の発明家が自宅のガレージの工作室で仕上げたような不細工な代物ではなかったのです。

私もこれまでに何回となく、評価判定のため、いわゆる町の発明家が作ったこの種の機械を見てきました。それらのほとんどは「永久磁石を使って永久動力を得る」というタイプです。そしてそのどれもが、自宅の工作室で苦心して作り上げたというのが丸見えでした。要するにプロの技術者が作った匂いがしないのです。プロの技術者ならそんな怪しげなものに手を貸さないという背景も関係します。

その点だけをとっても、エマモーターは町の発明家が作った永久機関とは一線を画していたわけです。本物とは、常に「ある種の美しさ」を持っているものなのです。

イブグレイ社の他の主なメンバーは次のとおりでした。

技術関係の副社長はリチャード・ハッケンバーガー。彼は実務面や管理面において25年におよぶ様々なキャリアを持っていました。ノースウェスタン大学の電気工学科を卒業し、アメリカ電気電子学会（IEEE）の正会員でもあります。ソニーアメリカの元技術者であり、海軍の技術コンサルタントでもありました。軍人出身のせいか、非常に礼儀正しく、ドイツなまりの強いギスギスした英語を早口で喋る人物です。エマモーターの技術的解説はほとんど彼が行っていたようです。

広報関係の副社長はアーサー・M・ランゲ。彼はフォードとGMで広報をやっていました。営業関係の副社長はジョージ・C・デモス。彼はコントロールデータ社、およびRCAの営業部長をやっていて、自身で会社を経営していたこともある人物です。

これだけでもわかるとおり、エマモーターは町の発明家によるただの珍妙な装置ではなかったのです。

スピルバーグはエマモーターの存在を知っていた？

「エマモーターを最初に搭載する車は、ダットサン（日産のイチオシだった自動車ブランド）

かもしれないよ?」

これはあるアメリカ人のジョークです。ダットサンという名前でおわかりのように、かなり前のジョークです。

グレイはエマモーターを車に載せたいと望んでいたようです。こういう面は、車社会に住むアメリカ人の感覚なのでしょう。あふれるほどの車の洪水の中で生活していると、膨大な排気ガスを何とかできないかと考えてしまうのはよくわかります。

排気ガスを出さない電気自動車というアイデアは、1973年当時でも、すでに古いアイデアでした。ガソリン自動車並みの性能を出そうものなら、バッテリーの容量や重量が問題になるのは、昔も今も変わりません。もっとも最近は、リチウムイオン電池の使用によりかなり改善はされています。

電気自動車が最も問題なのは、通常のモーターを使用する限りではまったく空気を汚さないわけではないことです。道路上での排気ガスは出なくなりますが、バッテリーを充電する際に、その分余計に発電所で排出されるからです。

つまり汚い部分は、どこかにある火力か原子力発電所に隔離されて、目の前からはなくなるだけです。

ですが、エネルギー源は基本的に化石燃料か原子力ですので、排気ガスと放射能を排出して環境を汚染します。ちなみにスイスは国家として、「電気自動車は大気汚染に対して無効である」というオフィシャルな見解を発表しています。

世の中では、このあたりのカラクリを理解していない、いわゆる「電気自動車の信者」も増えています。


しかしながら、エマモーターを車に使用すればこういうことになりません。

バッテリーはモーターが回転すれば、つまり車が走れば充電されるからです。もしエマモーターが言われるとおりの動作をすれば、それを搭載した車は「完全クリーンな電気自動車」ということになります。

実際にその手の話はあったようで、エマモーター搭載用のモデルカーのデザイン図などが残っています。ポール・ルイスという人は、自らデザインした「ファシネーション」という試作車に、エマモーターを搭載する計画をしていたそうです。

また、イブグレイ社の資料写真には、自動車用オートマチックやマニュアルのトランスミッションを取り付けたエマモーター四号機が写っています。


「実はエマモーターはすでに車に搭載されていた」

そんな空想を刺激する楽しい話もありました。

スティーブン・スピルバーグ製作総指揮の映画『バック・トゥ・ザ・フューチャー』をご覧

になった方も多いと思います。世界中で大ヒットしました。

物語の中でブラウン博士が発明したタイムマシン「デロリアン」の後部に積まれた機械は見れば見るほど、エマモーター四号機の後部に似ているのです。しかもその部分は、ディストリビューターという「グロー放電（低圧の気体中における持続的な放電現象）」が起こる部分であり、まさにエマモーターの心臓部なのです。

もう一つ、面白い共通点がありました。

デロリアンは雷でチャージされるマシンです。最後は落雷のエネルギーによって、過去から現在に戻ってきました。そして内部にも、三点対称にスパークを飛ばしている部分があったのを記憶しています。

ちなみにエマモーターのローター（回転子）は三極構造であり、三点対称で火花放電を起こしています。

これらの相似点は何を意味するのでしょうか？　スピルバーグはエマモーター四号機を見たか、あるいは知っていたのでしょうか？

あるいはグレイと親しかったのでしょうか？　車に載せたいというグレイの切望が映画の中で叶えられたのでしょうか？

科学者ゆえ、あれこれと空想するのは楽しいものなのです。

未来はこうあるべきとすでに決まっている

大山氏はあるとき、私にこんなことを言いました。

「グレイの周辺はユダヤ人が多いよ」

別の信頼できる方も、私にこう言いました。

「このモーターを本当に理解できて、こんなものに金を出すのは、たぶんユダヤ人しかいないだろうね」

ユダヤ人はこういう物の価値を嗅ぎ分ける独特な嗅覚を持っているそうです。

アインシュタインがユダヤ人であることはあまりにも有名ですが、その他、歴史上の独創的で偉大な科学者にユダヤ人が多いことも事実です。ノーベル賞受賞者の約3分の1はユダヤ人、もしくはユダヤ系です。世界の人口に対するユダヤ人の割合の小ささを考慮すると、この数字がいかに大きいものかがわかります。

ちなみに先のスピルバーグもユダヤ人です。

私は個人的に、彼の映画はあまり好きではありません。ではなぜ、ここで彼の映画を引用するかというと、あるユダヤ人研究者から次のようなことを聞いたからです。

「スピルバーグの映画には、世界に離散しているユダヤ人に向けられた独特のメッセージがある。それはユダヤ教からきているもので、他の民族にはなかなかわかりにくい」

先の『バック・トゥ・ザ・フューチャー』を訳すと「未来への帰還」です。ところがこれは、タイムマシンで未来に帰るという単純な意味ではありません。確かに映画では、主人公は最後に過去から現在へデロリアンに乗って帰るのですが、本当の意味は「未来の視点から今を見る」ということなのです。

ユダヤ教の思想的見地で解説すると、「未来はこうあるべきとすでに決まっている」ということになります。これが「神の計画」ということなのでしょうか？

要するに、そうなるように現在において、諸々を操作して未来を作っていくという意味なのです。

英語で歴史のことを「ヒストリー（history）」と言います。

この語源は「his-story」、つまり「彼の物語」という意味です。

では、いったい「彼」とは誰のことでしょうか？

それは「God（神）」を意味するそうです。歴史とは「神」の物語のこと。だがここでいう「神」とは日本語の神ではなく「唯一の創造主」を指します。八百万《やおよろず》の神とはニュアンスが異なるものです。ちなみにGodの正確な意味を示す日本語はありません。

神がいかなる目的でこの世を作り、どういう展開をして、どう終わらせるのか。これが神の計画、つまり物語だということです。そしてこの思想からは「未来は決まっている」ことになります。

学問の原点には、このようにユダヤ教やキリスト教の思想があります。西洋科学とは自然科学も含め、すべては「神の意識の探求」から始まったものなのです。

つまり歴史とは「神」の意識の人間による追求ということになります。

翻って、私たちが学校教育で学んだ歴史というのは、ただ自然に変遷流転する世の中の現象という捉え方しかありませんでした。

そこには、最初から最後まで介在している「意識の存在」は認められません。つまり思想がない、骨抜きにされた学問（もはや学問とも言えないもの）なのです。

学問や科学の根底に「思想」があるかどうかは、その捉え方や発想に大きく影響するものなのです。

数十年先の未来を読み取り、今それに投資するユダヤ人

これは、かつてノーベル生理学・医学賞を受賞した利根川進博士の弁です。

「日本にサイエンス（科学）はあり得ない。サイエンスはどう頑張っても欧米のものです」

ただ「ない」でなく「あり得ない」というところが、意味深長ですね。

つまり、日本人は科学の発想はできないという意味です。理由は、その根底に思想がないからです。思想とはユダヤキリスト教の唯一創造主、つまりGodという発想です。

「科学は根が一つの一本木である」という思想も、実はこれに由来します。

日本人の「八百万の神」という多神思想では、本当の科学の思想は育ちません。科学を系統立てて解釈しない代わりに、受験勉強では枝わかれした多くの知識を丸暗記できるのは、そのせいかもしれません。

科学の根底に宗教思想があることは、無神思想の教育を受けてきた日本人には理解し難いことかもしれませんが、それは事実なのです。


先の映画は一見、単純なドタバタコメディのようにしか見えないが、こういう視点で再度この映画を見ると、その奥深さが見え始めます。

主人公の少年マーティが、タイムマシン「デロリアン」で過去に戻り、そうあるべき「今」を作っていく内容になっています。別のある信頼できる人は、私にこう言いました。

「日本人は2、3年先を見て、ものに投資することしかできないが、ユダヤ人は20〜30年先の未来を見て、今それに投資する」

この発想は『バック・トゥ・ザ・フューチャー』そのものです。

日本の企業のプロジェクトは、猫の目のように目まぐるしく変わり、2～3年を単位に芽が出なければ、簡単に切られてしまう場合が多いものです。でも、本当にあるべき未来を読み取る能力があれば、こういうことにはなりません。

「神＝God によって、あらかじめ決められた未来がある」

これがユダヤ教の思想です。私たち日本人とはまったく違う視点なのです。

タルムード的な思考法が不可欠

ユダヤ人は「知識よりも知恵を重んじる」と言われます。

話が前後して申し訳ないのですが、私はアメリカであるグループと半年ほど生活したことがありますす。その中に、名門エール大学の修士課程を出たドイツ系ユダヤ人がいました（他のメンバーもドイツ系が多かったようです）。

そのユダヤ人のみ、思考法と知識が他のアメリカ人と明確に違いました。

その一つは博識だったことです。

他のアメリカ人に比べて、行ったこともない日本に関してびっくりするほど細かいことを知っていました。単に知識の「量」の問題だとおっしゃるかもしれませんが、実はそれだけではなく、物事の本質、その深奥にあるものを見ようとする目を持っていたのです。他のアメリカ人にそれはありませんでした。

その後、別のユダヤ人と付き合う機会がありましたが、同じ印象でした。

とにかく「ちょっと違う」という感じがするのです。

知識よりも知恵を重んじるというのは、様々な情報や事象よりも、物の見方（視点）や方法論を重んじるということになります。

今の日本の受験教育は、知識情報の断片を正しいと信じて、数多く記憶できるほど有利です。しかしこんな方法では、思考がそこでストップし、それ以上先へは進めません。物事の信仰だけであり、次の発想ができなくなります。

視点や思考法や知恵を持っている場合、目の前にある情報が決して真実ではなく、次のステップに進むための「発想の出発点」でしかないことが理解できます。

ちなみにユダヤ人というのは、ユダヤ教の信者のことです。

もちろん「神」を信じています。前述したとおり、「神」とはキリスト教と同じように唯一絶対の創造主 God のことです。

ユダヤ教の教典は旧約聖書の中のモーゼ五書であり「トーラー」と呼ばれます。

また、ユダヤ教徒は「タルムード」という、決して他の民族には見せない教典を読みます。タルムードはトーラーの解釈本であり、過去のユダヤ教の指導者ラビの「生活の糧、指針」のようなものが書かれています。

そしてこのタルムードの解釈の仕方が、他の宗教と決定的に異なるのです。

ユダヤ教とは、タルムードに書かれたことを丸のみに信仰するのではありません。面白いことに、そこから「個人個人の解釈を発想する」のです。

タルムードという書物は、文章と文章の間（行間）を大きく取ってあります。

それは何のためかと言えば、行間に読者の意見や考えを書き込むためです。さらにもう一つ、ポイントがあります。それは「思想にある幅を持たせる」ことです。思想に幅を持たせることで、思考の暴走を食い止めることができるというわけです。

「あなたはこの指導者ラビの意見について、どう解釈するか？」と問いかけるのが、ユダヤ教なのです。日本の大学受験勉強や新興宗教の教義のように、一つだけの正解というものはないのです。

ユダヤ教のタルムードが発想法そのものだということが、おわかりでしょうか？

この裏にあるのは「人間の行う解釈に絶対の真実はない」ということであり、まさに「知識よりも知恵」とは、こうした思考法のことを意味するのだと思います。

そしてここにこそ、「独創的で柔軟な発想」が生まれます。行間を読む信者各自が教義を柔軟に思考する宗教、と言ってもいいと思います。

エマモーターの動作を理解するには、こういうユダヤ教的な思考法が必要なのかもしれません。

起動後、次々と起こる異常現象に驚愕

話が脱線しましたので、戻します。

いよいよエマモーターを始動させることになりました。スターターで始動させる点は車のエンジンに似ています。山岡氏の手紙のとおり、500rpm（毎分500回転）付近で高圧回路を作動させると「バーン」と大きな音がしました。ディストリビューターでグロー放電が始まり、うなり音を大きくしながら、エマモーターは順調に回転を上げました。始動成功です。するとイブグレイ社のスタッフは大喜びでシャンパンをあけて乾杯したそうです。何だか奇妙な光景ですね。

それもそのはず。

こんなふうに順調に進むのは運がいいほうで、通常はモーター上部にあるブラックボックス中の高圧発生回路がよく煙を出して故障するそうです。昇圧インバータのトランジスタがよく

破損したらしいのです。レーシングカー用の、当時としては高性能のイグニッションコイルを使用しているのだと、グレイは話していました。

とにかくモーターとして、完全に安定動作をするものでもなかったようですね。

このときは好運にも、ちゃんと負荷テストをすることができました。出力は9馬力出て、これを15分持続したそうです。

もし、このエネルギーがすべてバッテリーから出たとします。9馬力というのは、車のエンジンのスターターを数個入れっ放しにしたくらいの電気をバッテリーから消費しているはずです。これを15分持続すると、どうなるでしょうか？　普通、バッテリーはあがります。

しかし、このエマモーターでは、動作前後のバッテリー電圧にまったく変化がないというデータが残っています。通常のモーターではなかったのです。何らかの「未知の現象」が起きたとしか考えようがありません。

その日、テストの結果を保証するために、イブグレイ社は「結果確認書」を用意していました。両者立ち会いで行ったことを示すために、イブグレイ社側のグレイやハッケンバーガー、それに訪問者側の技術者として大山氏のサインの入った試験の認定書が、テストの一項目ごとに残っています。

前記のテストの内容は、それに書かれている内容です。エマモーター四号機は、確かにエネルギー的異常動作が測定で確認されたのです。

さらに驚くべきことが起きました。それは測定器などを見なくても一目瞭然、誰でもわかるものでした。

運転中、モーター内部の電磁コイルに水滴が付着し始めたのです。

〈まさか、そんなことが……〉

回転させるとコイルが冷却する？　科学常識ではあり得ない現象です。電気はどんなものに流しても冷却することはありません。どんな素材でも電気抵抗があるため、発熱することは世界の常識です。その例外は超電導ですが、これは発熱もしないが冷却もしません。

それを目前にした大山氏はこう語りました。

「運転後のモーターは冷たいままだった」

ということは、エマモーターの電磁コイルは超電導状態なのでしょうか？　あるいは清家氏が言うように、虚数（i）の成分を持った虚電流が流れて冷却するのでしょうか？

最近、私はこの現象について、ある種の確信を得ることができました。私の試作した超効率インバータにおいて、同様の現象が発生していることを発見しました。動かすと、やはりトランスの磁気コアが、若干冷却していることがわかりました。つまり、通常我々が使用している電流とは、まったく別種の冷たい電流が存在するようです。

これだけでもたいへんな研究テーマとなりそうです。

副社長のハッケンバーガーが、このあたりの現象を説明しているテープが残っていました。

「ある物理学者が指摘したのだが、エマモーター本体には『磁気真空』というのができているんだ。その中を空気が通ると冷却しているので、湿気が吸収される。そしてその空気をプログラマー（火花放電部）に送ると、効率が上がると言われたんだ」

ハッケンバーガー氏は続けます。

「プログラマーの中のエアギャップは非常に重要部分だ。そこに使われている白い絶縁材料はデルリンであり、我々が今一番欲しいのはそのあたりの材料技術者なんだ」

回転力の発生だけでなく同時に発電機にもなる

イブグレイ社のマークはグレイの名刺にもあるように、「e」のマークの下部に矢印が付いています。それはエネルギーが帰ることを象徴しているものです。エネルギーの再生はエマモーターの要となる機能なのです。

これについて、ハッケンバーガー氏の解説があります。

エマモーター

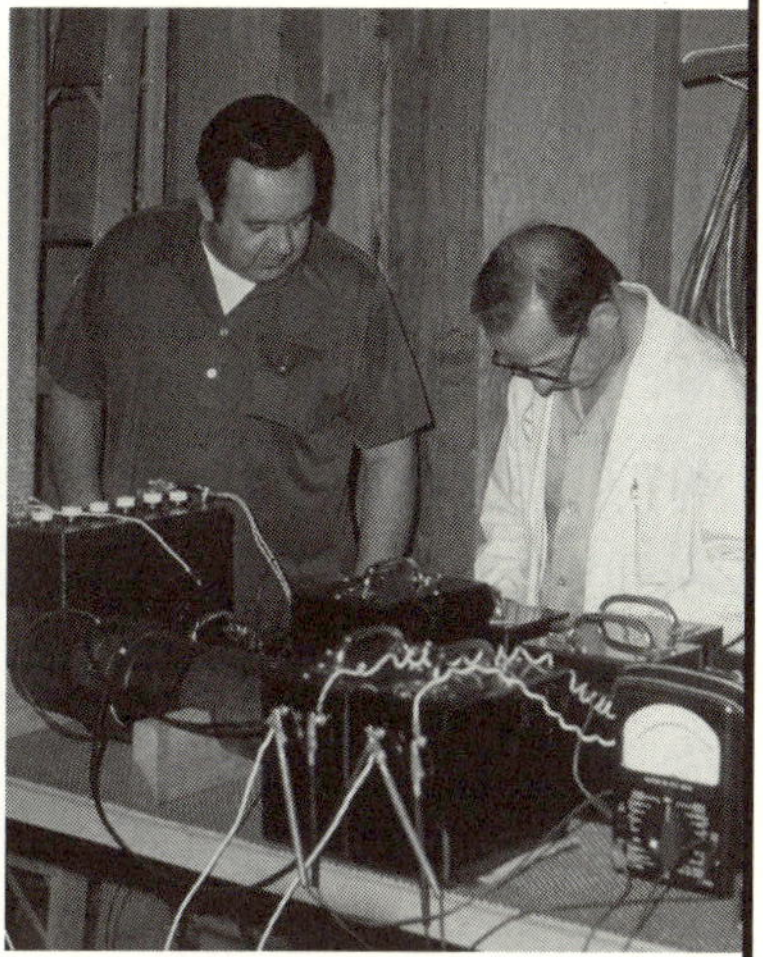

エドウィン・グレイ（左側の人物）

エドウィン・グレイの名刺（エネルギーがリサイクルされるマーク）

「このモーターは回転を加速するときか、スタートするとき以外は、バッテリーから電気を必要としない。さらに、定速回転時はコンデンサーの電気だけでよい」

これを言葉どおりに解釈すると、モーター内部ではコイルとコンデンサーの間で「永久電気振動」が生じていることになります。つまり、回転トルクを得るための電磁コイルとコンデンサーの電気で生じた電気振動が、機械的なエネルギーを取り出しても減衰しないということです。

わかりやすく説明すると、重りをぶら下げた振り子が、空気の抵抗があるにもかかわらず永久に振られ続ける、ということです。もちろん、物理学上も常識的にも、こんな現象はあり得ません。

普通の自動車はバッテリー充電のため、エンジンの脇に発電機が付いています。それはエンジンの回転軸とベルトで結ばれていて、エンジンが掛かっていると常に回転しています。しかし、このエマモーターは、発電機がなくてもバッテリーの充電機能を持っているということになります。

特許に示されたブロック・ダイヤグラム（システム・プログラムの構成単位がブロックで示され、ブロック間の流れや接続状態が様々な記号で表現された図）によると、エマモーターは、ステーターやローターの電磁コイルから直接バッテリーに電気が戻るような構成になっていました。

　ステーターやローターというのは固定子および回転子と呼ばれ、モーター内でお互いに吸引・反発をして回転力を得る重要な部品です。エマモーター内のステーターやローターは、吸引・反発を行ってモーターに回転力を発生させるだけでなく、同時に発電機にもなっているようなのです。


　藤木相元氏はそのとき、機構解明のポイントとなる鋭い質問を飛ばしていました。プログラマーの中にたくさんある電気素子を見つけて、藤木氏はハッケンバーガー氏に質問したのです。

「この中のそこにあるものは何かね？」

「ああ、ダイオードだ」

　プログラマーの中にダイオードがあることは特許には書かれていません。これを引っ張り出した藤木氏の質問は、非常に参考になるものでした。

　この目的は、おそらくステーターとローターのコイルに生じた電気を、ダイオードを通じて直流のパルス電流へと変換するためです。放電によってコイルに発生する電気は振動電流であり、バッテリーを充電するためには直流に整流しなければなりません。

何か面白いことが起きているのか、あるいは国際的な詐欺か？

もう一つ、このモーターの不思議な点は、太い線で胴体の周りに巻かれたコイルでした。そう多くない巻数から推定しても、強い磁場を作ることが目的ではないようです。その不思議なコイルによって、できる磁場の方向は、胴体の中にある回転力を出すコイルの磁場と直角方向でした。したがって、この不思議な胴体のコイルによる磁場は、中のコイルには影響しないと考えるのが常識でしょう。

しかし、それだけで片付けるのは、腑に落ちません。単なるコイルであれば、わざわざあんなところに大きく巻かなくても、同じ特性のものを小さく作ればいいからです。

〈磁場を直交させることに、何か意味があるのだろうか？〉

謎は深まるばかりでした。

エマモーター四号機の調査隊が見たものは、以上のようなものでした。機械系の技術者である大山氏の印象をまとめると、次のようになります。

「このモーターは完全なものではない。しかし、何か面白いことが起きている。何とか同じものを日本でも試作して研究してみたい」

これに対して、藤木氏の印象と見解は注目すべきものでした。

「基本的にそんなものがあるわけない。イブグレイ社は国際詐欺グループである。だが、どこかに意外で面白いトリックをやっているに違いない。もし、そのネタがわかればぜひ持って帰りたい」

藤木氏は、グレイ氏が優れたエンターテナーであると考えたのでしょう。目前で見学したにもかかわらず、ここまで冷静な見解を持っていたわけです。そしてその見解は、誰もが心のどこかに留めておくべきであり、捨ててはならない視点とも言えます。

私の見解は大山氏に近いものでした。白黒つかない灰色ではありません。言うなれば「玉虫色」です。何かキラキラと虹色に光る、妖しいものがそこに見えたのです。

町の発明家だったエジソン、常識を超越したテスラ

本章の最後に、大恐慌前で経済的に豊かだったアメリカで育った天才の話をしなければなりません。彼の名はニコラ・テスラ。二章で少しだけ触れましたが、「エマモーターの根本原理はニコラ・テスラの研究技術が基礎」であるからです。私にそれを教えてくれたのは、ハッケンバーガー氏でした。

それを聞いた瞬間、私は「意外だ」と「やっぱりな」という二つの気持ちを同時に抱いたことを、今でもよく覚えています。そしてそれは、私のその後の研究において、とても貴重な情報でした。つまりテスラの研究を探れば、フリーエネルギーの糸口が見つかるかもしれないと感じたからです。

ニコラ・テスラは生粋の米国人ではありません。東欧のクロアチア生まれです。当時有名な発明家で、科学者でもあったエジソンを頼り、ニューヨークに移住しました。エジソンの会社（現在はGE、ゼネラル・エレクトリック社）で一時、電気技術者として働きますが、エジソンはすぐに彼の科学者としての才能を見抜きます。「天才は天才を知る」のことわざどおりです。

エジソンには自分以上の才能を持つ人間は必要なかったのでしょう。

彼は早速、テスラいじめを開始します。発明王エジソンのこういう陰湿な面は、エジソン伝の類にはまったく書かれていません。意外に思われる方も多いと思いますが、事実です。

その後、テスラはエジソンのもとを去りますが、それから彼の才能が徐々に発揮され始めます。彼の発明はほとんど全部、現在の電気文明を支えているものばかりです。最も重要なものは、現在でも世界中で使われている「交流電源技術」でしょう。

世界中の発電所で使われている交流発電機、電車を動かしたりする動力源となっている交流モーターなどの基本原理や構造は、テスラが発明したころとまったく変わっておらず、今でもそのまま発電所や電車で使われています。

そんなテスラの技術が基になった会社は、ＷＥＣ（ウェスティングハウス社）です。福島の原発事故が収束していませんが、ＧＥと並び、原子力技術で有名な会社です。東芝が巨額の費用をかけて買収したことでも話題になりました。

彼はこの会社で、ナイアガラの水力を使った交流発電所を作りました。これに対してエジソンは、直流発電で対抗しますが、はっきりと優劣が決まり、テスラの交流発電が快勝したのです。

私の視点では、テスラとエジソンでは発明の「格」が違います。テスラのほうが「格」は圧倒的に上です。簡単に言えば、エジソンは「町の発明家の延長」であり、子供でも理解できるものです。これに対してテスラの発明は、「一般人の常識を超越」したものです。つまり凡人には想像すらできません。

公表されることのなかったエネルギー発生機

交流電気はテスラの天才を示すものの一つですが、それ以外に彼の天才性を示すものは何があるのでしょうか？　彼の発明のうち、いったい何がエマモーターの基礎となったのでしょうか？

大きな疑問でしたが、やはり一番怪しいのが「テスラコイル」でしょう。

これはテスラの象徴的な発明品であり、逆にこれしか知らない人も多いかもしれません。テスラコイルは何百万ボルトという高電圧の高周波を発生し、雷のような火花放電を作ることができます。テレビの実演でご覧になった方も多いと思います。

私も当研究所で、テスラコイルの研究をかなりの期間行ったことがあります。非常に長時間安定した運転のできる大型テスラコイルの製作と、商品への応用技術の研究を行いました。

このテスラコイルを電気測定器で精密に測定すると、興味深い結果が得られました。電源に入力される電気よりも、内部で消費されている電気のほうが大きくなっているのです。これはフリーエネルギー技術に通じる特徴であり、内部で何らかの異常現象が生じているのでしょう。その原因として思いついたのが火花放電でした。

エマモーターのルーツがテスラの研究にあるとすれば、両者の共通点であるこの火花放電がキーワード……私は頭をフル回転させました。

火花放電というのはプラズマの一種です。

プラズマと言えば、テスラコイルの研究を開始する前に起こった、とても不思議な体験を思い出します。

それは、1989年8月6日の19時ごろでした。私は妻と、自宅近くにあったワンプーチン（王府井）という中華レストランで食事をしていました。外は台風が通過中の大嵐です。突然、レストラン内に球状の青白く光るプラズマが現れました。見かけはバレーボールくらいの大きさで、おそらく「球電」だったと思います。

それが店内をUFOのごとく、フワフワと動いた後、私たちの近くにあったすりガラスの衝立てに当たり、「ボッ」と大きな音を立てて消えました。そのとき、写真のストロボが光ったような、青白い光が店内に広がりました。一緒にいた妻も、光が消える直前、大小2個に分裂していたような記憶があるそうです。隣席のお客やレストランのウェイターは、あっけにとられていたのを覚えています。もう一つ不思議なことは、ほとんどの客はその存在に気づいてなかったような雰囲気でした。すなわち、レストランの中の空間が二つに仕切られていた感じです。

その後、私はテスラコイルの研究に入り、結果として商品への応用として大きな貢献をしました。あくまでも結果論ですが、このときに見た「球電」が、UFOではないけれど何らかの意識体であり、私にメッセージを伝えたのだと勝手に解釈しています。

ちなみにテスラは1931年、75歳の誕生パーティーの席上、驚くべきスピーチを行いました。彼は当時、ニューヨーク社交界の花形的な存在でもありましたが、友人の科学者や新聞記者の前で、次のような発表を行いました。

「資源が何もいらないエネルギー発生機を作った。数カ月後に公表する」

しかしその後、なぜが発表されませんでした。理由は謎ですが、彼はフリーエネルギーの糸口をつかんでいたのかもしれません。

第四章

アメリカで体験した真実

東電の研究者だった伯父の存在に助けられた

さて、その後エマモーター本体の技術導入は契約に近いところまでこぎつけたらしいのですが、前述したようにプライム社の倒産によって、すべてボツとなりました。

当時、東京電力の技術開発研究所には私の伯父（船橋一之、1977年逝去）がいました。伯父は頭が柔らかく、好奇心の強い人だったものですから、私がエマモーターの件を話すと強い関心を示しました。

すると藤木氏、大山氏、伯父の三者で、エマモーターに関する会談が持たれたのです。

そのころ伯父の管轄だった火力研究室では、火力発電所の排煙処理の研究を行っていました。車の排気ガスと同じく、問題となっていた排煙中の窒素酸化物ＮＯｘを除去する研究です。

そのため伯父は、実験装置として高周波オゾン発生器の開発をしていました。

エマモーターも山岡氏の手紙にあったとおり、回転するとオゾンを発生します。研究テーマとしては共通点があり、共通の装置も使用できることから、高周波オゾン発生器の開発をしながらエマモーターの基礎実験もやれるのでは、という案が浮上したのです。

普通の研究所の研究員なら、笑い飛ばして終わりだったでしょう。何しろお堅い電力会社の、そのまたお堅い研究所です。でも、そんな逆境の中、伯父は火力研究室の一室を提供し、私は研究所の派遣社員となったのです。

そのため、私はそれまで勤めていた京都の研究所を退職、学生時代から住み慣れた京都を後にして、上京しました。

上京後、私はオゾン発生器用の高周波発生器の開発をしながら、いよいよエマモーターの基礎実験を開始しました。ありがたいことに、伯父の同僚や部下の方々が協力してくれたおかげで実験用の高周波発生器は完成しました。

冷たい電流と謎のコイルに困惑する

この基礎実験ですが、決して順調にいったわけではありません。頼りは大山氏の記憶。とにかく試行錯誤の連続です。

ここで言う基礎実験とは、イブグレイ社でハッケンバーガー氏とその助手が行っていた「磁石反発テスト」です。バッテリーを電源として、電子式チョッパーにより高電圧の直流を作ります。それをいったん、コンデンサーに蓄え、機械スイッチを通して2個のコイルに放電、コイルは瞬間「バーン」という大きな音を立てて反発し、1~2メートルほど飛び上がります。

やってみると非常に面白くて、いわば「ショー的要素」がある実験ですが、エマモーターの動作の原点を「視覚に訴える」には十分な効果がありました。

イブグレイ社の資料によると、磁石反発テストの実験内でも、エネルギーの再生を行っているということでした。それを示すように、実験に使われたコイルには複雑に電線が絡んでいます。


ハッケンバーガー氏の解説によると、コイルには「冷たい電流」が流れているということ。その証拠に、コイルは何回実験しても発熱しないという話です。何とも不思議な話です。

さらに不可解なことが、イブグレイ社の実験システムにはありました。コイルのコア（磁性体）に電極が接続されていて、それがバッテリーの端子に接続されているのです。「磁極と電極を導線で結ぶこと」に、電気の世界での常識に照らすと何の意味もありません。

ここでまた、前述した清家新一氏の『宇宙の四次元世界』の内容がよみがえります。

同書によると、空飛ぶ円盤の構造は「中央の磁気柱とコンデンサーが直結されている」と書かれています。〈何か関係があるのか…？〉私の頭はフル回転しました。

もう一つ、とても不思議なことがありました。

それは、モーターの胴体に巻かれていた「謎のコイル」とほぼ同じようなコイルが使われていることです。直径十数センチくらいの鉄管らしきものに同軸ケーブルのような太めの線で巻かれたコイルが使われていたのです。

一見、磁場を打ち消すような無誘導巻きにも見えるこのコイルの目的が、私にはさっぱりわかりません。

磁極の導線をつながなくても、謎の鉄管コイルがなくても、磁石の反発テストはできたのですから。

ＵＦＯ探求グループの会長にもらったアドバイス

悪戦苦闘していたころ、ある人が私にアドバイスをくれました。

「コンデンサーの電気は使っても減らないんだよ。使ったのをもう一度溜めてみたら？」

そう話してくれたのは、函館市に近い郊外の町に住む電気商の小坂孝一氏です。

小坂氏はグレイのような研究を独自でやっており、噂ではそれに近い装置を作っていたということでした。

もう四十年近く前のことですが、小坂氏はＵＦＯ探求グループの会長として、今じゃすっかり「ＵＦＯ教」の教祖的な存在となった矢追純一氏のＵＦＯ番組で紹介されたことがありました。

その仲間の一人だった副会長の中川康治さんらと、函館市の北方にある横津岳付近の山中で撮影した何十枚もの鮮明なＵＦＯ写真を、見せてもらったことがあります。それらはあまりにも凄くて、もはやあいまいな物体としてのＵＦＯではありませんでした。はっきりと輪郭まで写った「空飛ぶ円盤」そのものです。

小坂氏は私にそれ以上のことは言いませんでした。

だからかもしれませんが、私はその忠告をヒントに、コイルに生じる「逆起電力」を回収する方法に気がつきました。放電回路にダイオードを直列に入れることで、放電後、コンデンサーを逆充電することができることを発見したのです。

もちろん１００％、元の電圧には戻りませんが、初期にチャージ（充電）されたコンデンサーのエネルギーの約半分程度を回収できたのです。

「特許には書かれていないが、エマモーターのエネルギーの再生とはこういう方法なのかな？」

かなりの期間、そう考えていましたが、どうもそうではなかったようです。これはあくまでもコンデンサーへ電気を戻す方法であり、バッテリーへ電気を戻すというエマモーターの方法とは異なるのです

しかし私は、その方法による研究をずっと踏襲しました。その結果、「未知の起電力と未知のエネルギー」を確認することができたのです。

一応、東京電力の技術開発研究所における実験は、そのあたりで終了しました。

これだけの実験をやっただけで、次のステップへの大きな足がかりを得た私の気分は充実していました。どんな研究もステップ・バイ・ステップです。実験を少しでもやったのとやらないのとでは、大変な差が出ます。初期の第一歩というのはそれほど重要なのです。

今さらながら、研究室を提供し、研究を援助してくれた伯父の英断には感謝しています。また、当時の研究所員の方々にも実によく協力していただきました。

初めての渡米、そして矢追ディレクターとの出会い

「とにかく一度現物を見なきゃだめだ、現物を見れば何かが開けると思う」

日夜、研究に明け暮れる私に、大山氏はそう言い続けました。その言葉の意味は重さを増していました。それもそのはず、実験の進展がそれ以上に望めなくなったからです。

「このあたりで、一度現物を見たらどうかな？」

私にエマモーターの研究のきっかけを作ってくれた、タクマの山岡氏、それに東電の研究所に勤務する伯父も、その意見に賛同しました。

山岡氏はイブグレイ社に手紙で連絡を取っていましたが、何が起きたのか返事がまったくありません。もしそのとき、事実を知っていたら、私は行かなかったかもしれません。

「まあ、行きゃわかるだろう」

若さと無鉄砲さで、現地で何が起こったのかわからないけれど、私はとにかく行ってみようという気になっていました。

出発前、山岡氏は日本テレビ・ディレクター（当時）の矢追純一氏に会うことを勧めてくれました。矢追氏はそのころはもう、「UFOと怪奇現象のディレクター」として有名でした。たまたま、私の知人で渡邊利朗という特許関係の仕事をしている人が、矢追氏と知り合いでもありました。

この渡邊氏は日本における最古参のUFO研究者の一人でもあります。その方面に詳しい方ならお名前をご存じかもしれません。

渡邊氏の紹介で矢追氏とアポイントが取れた私は、当時赤坂にあったホテルニュージャパンの一階ロビーの喫茶店で、渡邊氏、山岡氏とともに待ち合わせをしました。

ホテルに現れた矢追氏のルックスは、パーマをかけたかなりのロングヘアーです。上下ともジーンズ姿で、まるでロックミュージシャンといった格好でした。マスコミ人特有の大胆なスタイルは、田舎者の私にはとても印象的でした。

冒頭、山岡氏がエマモーターとそのいきさつについて説明すると、矢追氏は強い興味を示しました。彼は私に8ミリフィルムを持って行ってほしいと提案します。当時はまだ、今みたいに便利なハンディタイプのビデオなんてない時代です。

その後、改めて日本テレビの本社へと出向き、大量の8ミリフィルムを受け取った私に、矢追氏はこう言いました。

「グレイの研究所に行ったら、あたりかまわず遠慮なく、じゃんじゃんフィルムを回してください」

〈なるほど。テレビ取材とはそういう方法でやるものなんだ……〉

私はテレビ局の大胆な取材方法に感心しました。

1974年10月13日、私はエア・サイアム機でアメリカに旅立ちました。実はそれまで、私は飛行機には乗ったことがありませんでした。こんなことを言えば、大笑いする人もいるかもしれませんが、UFOが浮いているのは不思議じゃなくとも、巨大で重い金属の塊であるジャンボ機が空中に浮かぶのが信じられませんでした。

超効率の「スタティック・ジェネレータ」が出現

アメリカ本土に向かう途中、ハワイに立ち寄りました。向こうの雰囲気と英語に慣れようと思い、ワイキキにある最も古いモアナホテルに2泊したのです。その後、ロサンゼルスへと向かいました。

ロサンゼルスでは、私の父の関係で知り合いのジョン・ハミルトン氏の家にホームステイさせていただきました。ハミルトン氏はたいへん親切で、ロサンゼルス市内をあちこち案内してくれたおかげで、素早くアメリカの生活に慣れることができました。

私は早速、イブグレイ社に電話で連絡を取りました。すると、秘書イブリンの、メリハリのある明るい声で「イブグレイ……」との返事があります。〈おっ、やっぱり会社はまだ消えてなかったじゃないか〉

その後、副社長のハッケンバーガー氏に代わりました。しかしその声に、私は困惑しました。

「ミスター・イデ……申し訳ないが、実は今、会社には何もないんだよ」

エマモーターがないらしい……しかしハッケンバーガー氏は、その理由を言いません。ハッケンバーガー氏は、会社へ来てもらってもしょうがないので、見せたいものをそっちへ持って行くと話します。私が了解すると、その数十分後、彼はまるで「巨大なマナ板」が道を走っているようなアメ車でやってきました。

ハッケンバーガー氏が言う見せたいものとは、中が見えないようなアクリルのケースでできた「スタティック・ジェネレータ」でした。スタティック・ジェネレータというのは、普通の発電機のような回転部分がない「静止型発電機」という意味です。

到着するや否や、ハッケンバーガー氏は実験を開始しました。

それは12ボルト、12AHの小型バッテリーを電源とした、一種のインバータのようなものでした。バッテリーの直流を、電気製品を動かすことが可能な110ボルトの交流電源に変換するものです。車のバッテリーなどを利用するタイプと、バッテリー内蔵タイプのものと、2台あります。

しかし、もしそれだけのものだとすれば、カー用品店ならどこにでも売っているような携帯型インバータと、機能的には同じものです。

部屋にあった50Wのテレビや15Wのランプをスタティック・ジェネレータに負荷としてつなぐと動作開始し、中で「ビーン」という発振音が聞こえます。負荷を取るとすぐ音は消えました。コンセントがスイッチのような働きをしているようです。

これだけでは少しも面白くないし、何の意味もありません。普通のインバータと、いったいどこがどう違うんだと言いたくなります。

そんな私の表情を読み取ったのか、ハッケンバーガー氏が解説を始めました。

「これらの装置はエマモーターの構造を基礎にして作られている。つまりこの中で作られるエネルギーは、バッテリーで消費されるエネルギーよりも大きい」

〈……やはり、そうだったのか〉

「ただし、テープレコーダーや時計といった同期モーターを使っている電気製品には使えないがね。テレビや蛍光灯、電灯ならOKだよ」

そんなことは大した問題じゃない。

もし彼の言うことが本当なら、この小型ジェネレータが1台あれば、エマモーターなんかいらないことになります。この中に、エマモーターの重要ポイントがすべて凝縮されて入っているはずだからです。

私は超効率かどうかを確認するため、一番気になることを聞きました。

「入力と出力の電流は測れないかなあ？」

ハッケンバーガー氏は答えました。

「出力のワット数を測るのは難しい。普通の電源のように、110ボルトの60ヘルツではないからね。バッテリーの直流を30キロヘルツくらいの高周波でチョップしているんだよ。非常に強力なパルス電流を作っているが、そのパルスによって非常に高い増幅ができるんだ」

「15分ほど充電してきたんだが、この程度（50W）の負荷なら7〜8時間は大丈夫。バッテリーをフル充電すれば72時間はもつ。ほとんど電流は消費しない」

「キャンプ用などに便利だろうね。デザインはまだよくないけれど」

〈おいおい。何を寝ぼけたことを言ってるんだ、このおっさん〉

キャンプ用どころの話じゃないだろう。もし、彼の言うとおりなら、この小型の超効率ジェネレータは、地球の全エネルギー資源よりも大きい価値があるはず……。

私はハッケンバーガー氏がとぼけているんじゃないかと、疑いを持ち始めました。

すべてはニコラ・テスラの研究が基礎だった

ちょっとイラついた私は、こう尋ねました。

「じゃあ、この出力の一部をバッテリーに戻したら、どうなんだ？」

入力よりも出力が大きいとすれば、出力の一部を自己フィードバックすれば「永久発電機〈永久機関〉」ができることは、小学生でも思いつくはずです。

「うーん……うまい方法なんだが」

途端に、早口で雄弁なハッケンバーガー氏が困った表情に変わりました。

〈永久機関を口にするのは、タブーなのか？〉

しばらく沈黙の後、ハッケンバーガー氏が口にしたのは意外なものでした。

「このジェネレータや、エマモーターの基礎になったものは、ニコライ・テスラの研究なんだよ」

「えっ？」

ニコラではなく、彼ははっきり「ニコライ」と発音しました。

〈ひょっとしたら、あのテスラコイルのテスラのこと？〉

このとき初めて、私はこの研究とテスラに密接な関係があることを知りました。しかしそれがなぜなのかは、当然ながらわかりません。

テスラについては少し前述しましたが、今では本まで出版されるようになり、テスラという強い磁場の磁束密度の単位も超電導磁石などで科学技術者にはなじみがあります。

しかしながらその当時、ほとんどの日本人はテスラを知りませんでした。

電気技術者でも知らない人が多かったのを記憶しています。私が大学の電気工学科に在学中も、講義にテスラの名前が出ることはありませんでした。ごくたまに知っている人もいましたが、それはたいてい年輩の技術者であり、テスラは日本では無名の科学者だったのです。

しかしこのアメリカでは、日本ほど無名ではなかったことが滞在中に判明しました。

今でも思い出す限り、異なる場所で偶然にも4回ほど、テスラとその研究についての話が出ました。そしてそれは、日本における情報とかなり違いました。テスラはどちらかと言えば「神秘な科学者」として人気があったようです。

発明は努力と言ったエジソン、発明は直感と言ったテスラ

日本人でエジソンを知らない人はいないでしょう。

彼の伝記ほど、「努力」を尊重する日本的教育に向いている発明家もいないからです。発明において、エジソンとテスラは常に比較の対象とされます。

ともに同時代の科学者であり、また同年（1915年）にノーベル物理学賞候補となりました。しかし、なぜか二人とも受賞しなかったのです。

彼らが商用電源として、「直流が有利か交流が有利か」で、覇を競ったことは有名です。勝負の結果、交流の優位性が証明され、ナイアガラに交流発電所を築いたテスラが勝ちました。それまでにエジソンは、交流の危険性を訴える非常に汚いキャンペーンを行ったそうです。犬や猫を交流電源で感電死させるような、まるで無意味なショーをやったりしたと書けば、世のエジソン好きに睨《にら》まれるでしょうか。

こういう単純な子供だましのショー的発想しかないエジソンの頭では、交流電源というものの本質が理解できなかったとも推測されます。

これに対し、彼の宿敵だったテスラは奇行と奇才の持ち主であり、ナルシスト的芸術家タイプの科学者でした。教育者の目から見れば、これほど難解で扱いにくい人間はいません。特

テスラ（上）が近年注目を集めるようになり、何かとエジソン（下）と比較される……

に日本においては、最も先生に嫌われるタイプでしょう。彼のような奇才型科学者を教育の模範にはできないし、何よりも「画一性を優先する日本社会」のためにはならないでしょう。

代わりに日本の教育課程はエジソンを発明家の英雄としてまつり上げました。

エジソンの言葉にこういうのがあります。

「発明とは99％の努力と1％の霊感である」

あまりに有名ですから皆さんご存じだと思いますが、スマートさがありません。

これに対してテスラは、こう言いました。

「発明とはおしゃれな直感である」

私なら、このテスラの言葉に憧れます。

しかしこの言葉は、「発明とは天才だけに与えられた特殊能力だ」という、一種の選民思想的な解釈もできます。そんなことを言うテスラは、万人の模範にはできません。「どうせ俺は」という調子のあきらめムードで、科学を目指す人々が怠惰になるかもしれないからです。

その点、エジソンの言葉には日本人好みの、農耕民族的な土臭さがあります。

「どんな者でも努力すれば報われる」という単純な人生訓です。こういう思想によって、日本資本主義の世界史上まれに見る急激な発展がなされたことは間違いありません。

もちろん、これは一種のマインドコントロールです。

私から見れば、エジソンもテスラも言葉の意味は大差ありません。なぜなら、エジソンは「努力は美しくて尊い」と言っているのではないからです。

エジソンの言葉は、原文では「99%の汗」となっています。決して「99%の努力」とは言っていません。ここで「汗」を「努力」と置き換えたところに意図的なトリックを感じるのです。

では、この「汗」とは何か?

汗とは「冷や汗」です。

つまり実験を失敗するたびに出る「冷や汗」であり、苦労したときに出る汗ではありません。世の科学者なら皆、その本質を見抜いています。

私はテスラの名前を口にしたハッケンバーガー氏に、それ以上突っ込みませんでした。スタティック・ジェネレータの実験を終えた後、私たちは昼間でも真っ暗なレストランに招かれ、食事して別れました。

燃料のいらないエンジンをめぐる報道

イブグレイ社にいったい何があったのかは、滞米中、まったくわかりませんでした。

1974年のクリスマス前から翌1975年にかけて、私はカナダとの国境に近いウィスコンシン州アプルトンという町にいました。アプルトン（林檎の町）は雪景色とクリスマスデコレーションの美しい北欧風の町です。ドイツ系住民がほとんどを占めるというその付近では、当時日本人は珍しい様子でした。

ある日、フィリスという友人が新聞を持ってきてこう言いました。

「オサーム、あなたの興味ある記事が載っているわよ」

フィリスが持ってきたのは、１９７５年3月16日付けの「ザ・ナショナル・タットラー」紙でした。同紙はアメリカではポピュラーな新聞です。そのトップ記事に、次のような大見出しが載っていました。

【世界初の燃料のいらないエンジンが、ロサンゼルス地方検事局によって圧力をかけられている】

紛れもなく、それはグレイとエマモーターの記事でした。エマモーターがロサンゼルス地方検事によって没収されたという内容です。

まさか、こんな田舎町でエマモーターの情報が得られるなんて……私は驚くと同時に、新聞を持ってきてくれたフィリスに感謝しました。

私は早速、記事の執筆者であるトム・バレンタイン氏に手紙を書きました。するとすぐその

THE NATIONAL TATTLER 50¢

The Most Respected Name in People-To-People Journalism

Suppressed Inventions Special Reprint Issue

Development of First Fuelless Engine May Spur Change in History by 1984

A CALIFORNIA INVENTOR has found a way to create limitless electric power without using up fuel — potentially the greatest discovery in the history of mankind.

Edwin Gray Sr., 48, has fashioned working devices that could:

- Power every auto, train, truck, boat and plane that moves in this land — perpetually.
- Warm, cool and service every American home — without erecting a single transmission line.
- Feed limitless energy into the nation's mighty industrial system — forever.
- And do it all without creating a single iota of pollution.

By TOM VALENTINE

Already, the jovial, self-educated Gray is forcing scientists to uproot their most cherished beliefs about the nature of electro-magnetism.

Eventually, his discovery will transform the economic base upon which the society of the entire planet has rested up to this point.

Despite the ever-present danger from the petroleum and other power giants who face business extinction within the decade because of his invention, Gray and his associates in EvGray Enterprises have demonstrated its worth publicly — an act requiring great courage.

Displaying the kind of open honesty that made America great, Gray and his partners stress the fact that they want the whole world to benefit from their new technology.

"I WON'T ALLOW it to be bought up and buried by big money interests," Gray told TATTLER during the exclusive demonstration.

Neither government agencies nor private enterprise would listen to Gray, so he turned in frustration to

me holding 20 million shares of nothing."

The key men at EvGray include Richard B. Hackenberger, an electronics engineer who formerly worked for Sony and Sylvania corporations and the U.S. Navy; and Fritz Lens, a former Volkswagen mechanic who knows nearly as much about the fantastic electrical system as Gray.

TATTLER was given a thorough demonstration of Gray's "impossible-but-true" methods for using electricity.

THE FIRST demonstration proved that Gray uses a totally different form of electrical current — a powerful, but "cold" form of the energy.

A six-volt car battery rested on a table. Lead wires ran from the battery to a series of capacitors which are the key to Gray's

to it. The secret to this is in the capacitors and in being able to split the positive."

When Gray said "split the positive" the face of two knowledgeable physicists screwed up in bewilderment.

(Normally, electricity consists of positive and negative particles. But Gray's system is capable of using one or the other separately and effectively.)

"He means we have to rewrite the physics textbooks," Hackenberger grinned. It has been the engineer's job in recent months to formulate Gray's system and put it in writing.

"That's not an easy task because this system actually defies everything I've ever learned."

Gray said, "I never had no schooling in electronics or physics, so nobody told me it was impossible."

THE "IMPOSSIBLE" part of the demonstration was the lack of heat generated in the magnet. Heat is one of the biggest problems faced by electrical technology. Also "impossible" is the fact that only the "positive" nature of the energy was used.

"This thing is in its infancy," Gray explained. "When the full potential of American technology starts working with it, the results will astound everyone.

"We've been popping those magnets apart for the past 18 months with that same battery and it's still got a full charge. Now I want you to watch this:"

Gray showed this TATTLER reporter a small 15-amp motorcycle

タットラー紙とトム・バレンタイン氏によるイブグレイ社の記事。実験をしているのは、副社長のハッケンバーガー氏

件に関する号外版を、バレンタイン氏が送ってくれたのです。それは、彼が1973年7月1日に書いた、エマモーターとイブグレイ社に関する記事でした。

タットラー紙というのは、日本で言えば東スポノリの新聞です。どこの有名人が、どこの有名人とデートした、などというような写真や見出しが目につく新聞です。

しかし世の中には、こういう新聞しか書けない本音や真実があります。東スポだって、そうじゃないですか？　大新聞は大手企業という広告主に支配されているからです。

冗談はともかく、その号外版にはイブグレイ社で何があったのかが、すべて書かれていました。その内容をここで紹介したいと思います。

＊　＊　＊

ここ7カ月もの間、グレイはロサンゼルス地方検事局による信じられないほどの「嫌がらせキャンペーン」の犠牲となっている。だが、この種の嫌がらせは決して新しいものではない。他の部類の発明についても、過去何年間も続けられてきたものである。つまり、その発明とは車に関するものであり、デトロイトの巨大自動車産業の地位を脅かすものである。

タットラー紙はこの件が法廷に持ち込まれるまで記事にするなと脅迫された。しかし人々は真実を知る権利があるので、公表することにした。ここで記事の編集者トム・バレンタインは、ある一人の男によって成された人類を救うための発明が、汚い舞台裏工作によって抑圧されていることを明らかにする。

グレイはエマモーターを発明した。それは自分自身でパワーを再生させることができる、驚くべき電磁気エンジンである。その結果、化石燃料の需要を大幅に減少させることが可能である。

グレイはこのモーターを1974年の終わりまでに量産体制にして、一般の人々に役立てるつもりだった。ところが、一連のロサンゼルス地方検事局との対立によって、グレイの努力は完全に妨害された。

グレイのトラブルは昨年の7月22日に始まった。ロサンゼルスの権力者たちはカリフォルニアのヴァン・ナイズにある彼の研究所の強制捜査を行った。そして所内にある、実動する試作モーターを含めたあらゆるものを押収した。

それから7カ月以上経った今でも、グレイに対してはたった一通の告訴状も提出されていない。そして彼の研究資料や記録、図面、試作機も、まだロサンゼルス検事局にあるままである。

ヴァン・ナイズで行われた、このような奇妙で逮捕者のいない強制捜査事件は、最も新しいケースの一つに過ぎない。自動車関連の発明に関しては、過去、半世紀以上もの間、このようなことが行われ続けてきたのだ。その陰には常に、デトロイト巨大自動車産業があった。

＊　＊　＊

検事局の捜査官による記者への恐喝

グレイの弁護士ジョエル・ウォード氏は、「7月22日の強制捜査」以降の詳しいことについて、次のようにタットラー紙に語りました。

「7月22日以降、800人もの株主からの差し戻し請求はまったくない。それどころか何人かの株主は、グレイの発明を確かめるために、もっと金を出そうとしている。通常、こういうケースでは株主が金を返すように抗議するものである。現在、新しいタイプのエマモーターの最適条件を決定するためのテストと評価を行っているところだ」

ウォード氏は、さらに強調しました。

「米国特許局はグレイの特許の全請求を許可すると通達してきた。したがって、特許は間もなく公布されるだろう。ということは、彼のモーターの有用性が認められたのだ。新しいコンセプトを科学的な言葉で説明できるように準備もしているところだ」

さらに彼は、こう付け加えました。

「我々はもうこれ以上、トラブルに巻き込まれたくない。地方検事には当分、低姿勢で臨むよ。法律上の立場から下手に振る舞いたくないからね」

しかしながらほとんどの人は、明らかに嫌がらせを受けたにもかかわらず、なぜグレイが地方検事を訴えないのかと、噂《うわさ》していたようです。

これに対して、ロサンゼルス地方検事局の捜査官ラン・ノベル氏は、タットラー紙に対して次のように語りました。

「グレイのモーターはバッテリーでスターターを使って回しているだけで、彼の言うような動作はしない。金銭目的の詐欺であり、告訴を準備中だ」

ノベル氏はこうも述べました。

「もし、これに可能性があるのなら、オレが最初のプロモーターになるよ」

しかしタットラー紙は、ノベル氏の発言が疑わしいことを見抜きました。捜査官は研究所への侵入に先立ち、すべての真実を知る機会があったはずだからです。

これに関して、グレイの弁護士ウォード氏は語ります。

「昨年の春、地方検事局に手紙を書いたら、捜査官の返事は喜んで協力しようということだった。しかしその手紙は無視され、会社は強制捜査された。それ以降、別の協力を依頼したが、それも無視された。それ以前に、エマモーターの実演を見ている人はいくらでもいるが、地方検事局の中では誰もテストもしてないし、スタートさせたこともない」

ちなみにタットラー紙の上部には、別枠で次のような見出しと記事がありました。

＊　＊　＊

【タッﾄラーのレポーターは逮捕すると脅迫されている。その内容は次のとおり】

グレイとエマモーターの件を追及し続けたタットラーの編集者トム・バレンタイン記者は、この件を追及すると逮捕すると脅された。その恐喝はロサンゼルス地方検事局の捜査官ラン・ノベルからのものである。バレンタイン記者は地方検事局に問い合わせの電話をした。

「なぜ5カ月もの間、グレイの正式の告訴をペンディングにするんだ」

するとノベルは答えた。

「あんたのために言うが、黙っておくほうがいいよ。この件について何を言っても、法廷ではキミの都合の悪いように扱われるから」

バレンタインは言い返した。

「私は何も言っていない。ただ、質問しているだけだが？」

「じゃあ、あんたも共謀者と思われてもいいのか」と、ノベルは詰め寄った。

「なめるなよ」と、バレンタインは言い返した。

その後、バレンタインは彼の意見を伝えた。その結果、この恐喝はバレンタインを、単にこの件から離れさせようとしている以外の何でもないことがわかった。

イブグレイ社でいったい何が起きたのか。

すべてを把握した私は、1975年4月中旬に帰国しました。

＊　＊　＊

公開実演会における不思議な解説と質疑応答

その翌年（1976年）の正月、私は郷里・松山でのんびり温泉三昧を楽しんでいました。

正月三が日も過ぎたころ、突然、実家に電話が入りました。

電話の内容は「1月9日までにアメリカに行けないか？」ということでした。イブグレイ社が新型エマモーターの公開実演をやる、できればそれを見学に行くように、という内容です。

私はその瞬間、正月気分が抜けました。

「よし、やっと現物のエマモーターを見るチャンスが訪れたぞ！」

翌日、すぐに東京に戻ると、公開実演の案内はタクマの山岡氏、ハワイにいた大山氏らに来ていたことが判明しました。急ぎ航空券を手配し、何とか1月8日までにロサンゼルスへ行けるメドが立ちました。

ロサンゼルスでは公開実演の会場となったステュディオ・シティーにある「スポーツマンズロッジ」というホテルに泊まることになりました。大山氏によると、グレイが斡旋してくれたそうです。

翌朝、会場を訪れた私の目に、200人くらいの参加者の前に置いてあるエマモーター六号機が飛び込んできました。ちょうど、カリフォルニア工科大学（カルテック）教授のノーム・チャルフィン博士が、エマモーターの特徴と優位性に関する解説しているところでした。

私の頭には地方検事による手入れ事件のことがありましたが、意外にも緊迫した険しい雰囲気がまったくありません。エマモーターの周囲に警備員が2～3人立っている程度です。参加者はおそらく株主でしょう。ヒッピー風の若者から紳士淑女まで、様々な人がいました。

やっと目前に現れたエマモーターに視線を奪われた私は、チャルフィン教授が何を喋っていたのか、まったく聞いていませんでした。

講演を録音したテープを聞くと、その要点は次のとおりです。

「このモーターはコンデンサーの放電が起こっている100分の2～3秒という非常に短い時間しか電気エネルギーを消費しない構造である。つまり、非常に省エネ型の画期的なモーターである」

ちなみにチャルフィン教授は弁理士でもあり、グレイの特許出願にも助力をした人です。次の講演者は、やはりカルフォルニア工科大学教授のジーン・ウェスター博士でした。彼は電力応用分野が専門であると同時に、チャルフィン教授とともに宇宙探査で著名なジェット推進研究所（ＪＰＬ）のメンバーでもありました。

「このモーターはコンデンサーの放電によって回転力を得る、ユニークなモーターである。コンデンサーの放電を使用する構想は珍しいことではないが、それを動力源とするところが画期的であり、特許性がある」

ウェスター教授の講演ポイントはこれだけでした。

これは言い換えると、グレイの特許に書かれた請求項目の特徴をそのまま述べたに過ぎません。画期的ではなく、ちょっと変わった方式のモーターという程度の意味しかないのです。効率が１００％を超えるとか、永久に回転するという「危ない表現」は一切ありません。さすがに格式あるカルテックの教授たちです。

この二人の教授による講演が、グレイの弁護士ウォード氏がタットラー紙に語っていた「新しいコンセプトの科学的な言葉による説明」なのでしょう。

要するに、権威ある学者を引き込み「危しげなことはやってないぞ」と示すつもりだったのだと思いますが、その内容は差し障りのない期待はずれなものでした。

3人目は米国特許局の審査官ジェラルド・プライム氏から、グレイの特許が許可されたという代読の報告でした。その後、グレイと出席者とのQ&Aがありましたが、これも教授の話と同様、なぜか核心に迫る内容はありませんでした。

一度だけ、入力・出力と効率に関する、きわどい質問がありました。

それに対する答えは「入力は1314ワットで出力は2馬力」。

2馬力をワットに換算すると、1472ワットです。わずかですが、超効率になっています。なぜ、わざわざ入力と出力を異なる単位で表現し、わかりにくくしたのか？

ところが、効率に関する回答は次のようなものでした。

「効率は約100％である。どんなモーターより効率はいい」

効率100％という数値は大変なことですが、これでは永久回転は不可能です。そしてさらに、入力・出力の数値と矛盾します。

不思議なことだらけな質疑応答に、私は困惑しました。

エネルギーはいらないという表現は一切見聞できず

そして最後に、いよいよ待ちに待ったエマモーターの実演でした。

ゆっくりと音もなくスタートします。エマモーター四号機のようなスターターらしきものはありません。スタート時からいきなりプログラマー（火花放電部）に白いグロー状の火花を飛ばしながら、回転を始めたような気がしました。

スターターを付けなかった理由は、地方検事に「スターターで回している」という疑いをかけられたせいかもしれません。

シュル、シュル……というグロー放電の静かな音がします。私が実験で経験した、火花放電特有の「バシッ」という鋭い音がしないのが不思議でした。回転実演は数分間ずつ、何回かに分けて行われました。

初渡米の前に、矢追純一氏に教わったように、私は8ミリカメラを回し続けました。後でフィルムをよく調べると、プログラマーの放電電極部に丸い「球電」のようなグロー状の火花が発生して、それが成長する様子が映っていました。回転後、モーター本体に触れると冷たいことも確認できました。

バッテリー、高圧コンバータ、コンデンサー、チョークコイルなどの主要部品は確認しましたが、この六号機の場合、空気を本体に循環させるエアーポンプがないし、胴体に巻かれた「謎のコイル」もありません。代わりに大きなはずみ車が回転軸に付けられています。私はでき得る限りの観察を行いました。

しかしながら、最も興味あるバッテリーからの入力電力や、モーターの出力測定などは実演されませんでした。ちなみに回転数は毎分５８０回転だったことを記録しています。

そう言えば……私はふと思い出しました。実演会場前に書かれたこのイベントのキャッチフレーズには、次のように書かれていたのです。

「化石燃料はいらない」

「無公害である」

「振動はしない」

「熱くならない」

これらがエマモーター六号機の特徴とされていました。当たり障りのない、うなぎで言えば「かば焼きの匂いだけ」という表現が、まさにぴったり来る文言です。

私たちが最も期待している「エネルギーがいらない」という表現は、一切見聞きできませんでした。とにかく、誰もがこのモーターに期待しているはずの「永久回転」を示す言葉がどこにも出なかったのです。

何らかの「禁句（タブー）」を絶妙にかわしているように思えてなりませんでした。

実演会は、株主と経営者が申し合わせてやる大手企業の株主総会を思わせました。

今でもシャンシャン総会という言葉がありますが、それと同様、予定のプログラムが終わったエマモーターには白い布をかけられ、実演会はトラブルもなく終了しました。多数いた出席者も、そそくさと会場を後にします。

副社長だったハッケンバーガー氏が会場にいて、私たちは顔を合わせました。

ただ一人の電気技術の専門家で、モーターの技術解説をやっていた彼は、このときすでにイブグレイ社の主要メンバーからはずされていたようです。理由はわかりません。

実演会後の驚くべき発言とグレイが託した日本への思い

公開実演会の後、大山氏の計らいで、グレイやイブグレイ社の筆頭メンバー二人と会談を持つことができました。そしてその場で、彼らの一人は私たちにはっきりと言いました。

「エマモーター六号機の入力は1350ワット、出力は1550ワットだ」

〈やっぱり…！〉

つまり200ワット分、立派に超効率なのです。

しかし実演会の最中、「効率は約100％である」と言ったはず。内輪の席だったこともあり、何となく本音を吐くような気がした私は尋ねました。

「ではなぜそれを、会場で言わなかったんだ？」

あくまでも憶測ですが、彼らはロサンゼルス地方検事局、あるいは何か他の勢力に脅されているように思えました。エネルギーがいらない、効率が100％以上、永久に回転する、などということを公言するな、と。

〈これらは禁句なのか？〉

そう仮定すると、不可解で煮え切らないイブグレイ社の態度が理解できます。

公開実演後、タットラー紙（1976年3月21日付）には、やはりトム・バレンタイン記者による記事が掲載されました。そこには次のようなことが書かれていました。

【イブグレイ社の数名の株主が、確信を持ってタットラー紙に語った。地方検事の背後には大きな勢力があり、グレイを逮捕するように働きかけている。それは石油資本や自動車資本である】

前述しましたが、「エマモーターを最初に搭載するのはダットサンかもしれないよ」と言ったのは、実はこの実演会で出会った、ある年配の紳士でした。たぶん、株主の一人だったのでしょう。私はそのとき「まさか」と思いながら、アメリカ人特有のジョークとして聞き流しましたが、そこには深刻な意味があったようです。

彼は日本人である私たちを見つけ、こっそりと語ってくれたのです。それはつまり、こういう意味だったのでしょう。

「エマモーターを最初に『実用化』できるのは、アメリカじゃなくて日本かもしれない。そしてそれは、そう遠くないと思う」

グレイの気持ちも日本を向いていたのです。エマモーターの発明者であるグレイは、かなり前から「そうなること」を悟っていたようです。

しかしながら、そんなグレイが頼ろうとした日本の資本は、彼のモーターを理解できる頭脳を持っていませんでした。

私がグレイと会ったのは、その実演会が最初で最後でした。

その後、私たちは南カルフォルニアのパロマ天文台までドライブし、帰国の途に就きました。ハワイに留まった大山氏は、再びロサンゼルスを訪れてグレイに会ったようです。美しいパティオ（中庭）とプール付きのスペイン風豪邸に住んでいるグレイの写真を、大山氏から見せてもらいました。

確かにお金は手にしたのかもしれないけれど、何かを恐れていたというのが、大山氏のグレイに対する印象でした。

タットラー紙の廃刊とグレイの死亡情報

それから4年後の1980年2月中旬。

私は再びロサンゼルスを訪れる機会がありました。その際、イブグレイ社の筆頭株主の一人だったトルコ系のカーク・ファラマンド氏に会いました。

ファラマンド氏は持っていたレストランを売り払い、グレイに投資したそうです。彼は純粋な投資家ですから、投資に対する儲けさえあれば何も文句を言わないタイプでした。プレイボーイでもあり、儲けたらブロンドの女性とデートするのが趣味でした。

そのときは新車のリンカーン・コンチネンタルを乗り回していたファラマンド氏は、私たちをあちこちに連れて行ってくれました。

私はファラマンド氏に、ずっと気になっていたことを尋ねました。

「グレイはどこにいるんだ？　エマモーターは？」

「知らないね」

「生きているんだろうな？」

「もちろんだよ」

その口ぶりから、ファラマンド氏はグレイがどこにいるのかを知っているようでした。

「まあとにかく、あれはあれで終わったんだ。それ以上は何も言えない」

不満げな表情ではありません。ということは、投資額以上の金をどこからか得たということでしょう。

「ところで、キミはあのモーターを作ってみたのか？」

ファラマンド氏が私に尋ねました。

「ああ、近いものは作ったよ」

実はこのとき、私は最初のモデルを作った後だったのです。

「エマモーターはあまりトルクが出なかった。キミはどうだった？」

「…………」

そう聞かれて何と答えたかは忘れましたが、覚えているのは、最初に作ったモデルがトルクなんかほとんど出ない、いわば回り灯籠《どうろう》だったことです。

しかしファラマンド氏の言うことも、本質的には意味がありませんでした。

トルクが出るとか出ないという話は、自動車のエンジンとしては重要ですが、エマモーターの働きとしては重要なことではありません。肝心なことは「エネルギーの異常が本当にあるかどうか」ということだけです。ファラマンド氏自身も、エマモーターの本質はわかっていなかったようでした。

その後、わかったことが二つありました。タットラー紙の廃刊と、グレイの死亡情報です。タットラーというのは「お喋り鳥」という意味です。ちょっとまずいことを喋りすぎたのかもしれません。

グレイが多額の金銭をめぐって揉めていたとか、この件に関しては様々な情報が入ってきましたが、真相はわかりません。亡くなったときはトレーラーハウスで生活をしていたそうです。

一つだけ、はっきりとわかっていること。

それは、たった一度だけ私の前に姿を見せたエマモーターが、霧の彼方へと消え去ったという事実です……。

以後、私はエマモーターは卒業したと自負しておりました。こういう意識を持つことは、自分独自の研究をやろうとするには役立ちます。

ところが、最近の超効率インバータ（デゴイチ）を研究して、「雪崩現象」という予想しなかった効果を発見しました。これは効率が一挙に2倍にもハネ上がる現象です。この「雪崩現象」を追求して解析すると、また予期できなかった理屈を発見しました。

そしてその理屈が、どうもエマモーターにも応用されているらしいことを発見しました。それは、エマモーター六号機の運転状態が撮影されている8ミリフィルムを見ていて気づいたことです。「エマモーターは卒業」などというのは、私の傲慢《ごうまん》そのもので、さらにエマモーターの奥深さを思い知らされた気がします。

やはり、エドウィン・グレイは底知れぬ天才でした。

第五章

未知エネルギーへの挑戦

謎の女性と五反田の研究所

東京は「変わった人」が生きていける場所です。だから変わった人がたくさんいます。類は友を呼ぶとのことわざどおり、変わった研究をしているというだけで、私の周囲には変わった友人がたくさん集まってきました。

その中の一人に、高坂勝巳という人がいました。

彼は日本の古文献に関する本を出版するなど、その分野では著名な人です。日本における最古参のＵＦＯ研究組織に属していた人でもあります。

その高坂氏のおかげで私は、再び研究が続行できることになったのです。というのも、高坂氏に「謎の女性」を紹介していただいたからです。

都内の一流ホテル住まいをする謎の女性は、某財団法人の会長でした。こう言うと、彼女は暇と金を持て余す有閑マダムじゃないかと想像されるかもしれません。しかし、単なる金持ちというわけではなく、詳細はわかりませんが、何か特別な事情で一流ホテル住まいをされていたようでした（実際はどこかの神社の宮司夫人だったと、後ほど耳にしました）。

以前、私に矢追純一氏を紹介してくれた渡邊利朗氏は、こう話します。

「あの女性は数十億のお金を動かせる人ですよ」

ともあれ、謎の女性は未知エネルギーの研究に非常に興味を示されていました。

そして彼女は、研究所設立のスポンサーになってくれたのです。そればかりではなく、普通の人なら見向きもしないような、萌芽のごとき様々な研究テーマに対して、長年支援を続けてこられたようでした。

研究所のメンバーは、エマモーターを見た人が中心となりました。藤木相元氏を所長として、大山氏、そして私です。場所は五反田のTOCビルの真正面のビルの二階。1977年末ごろのことです。エマモーターを見た「六つの目」が、一堂にそろったのです。

〈何かやれるぞ……〉

そんな期待感が私の中に生まれつつありました。

エマモーターの原型に近いものが誕生

そこでの研究は、私が東電の研究所で行った「コイル反発テスト」の再現から開始しました。それを体裁よく整えて、いつでも再現して誰にでも見せられるようなシステムに構成したのです。

大山氏は、その次のステップとして「回転体（モーター）」に仕上げようと提案しました。

しかし私はコイル反発テストで、エネルギーの入力と出力がどうなっているかを測定したかったのです。なぜなら、もしこのシステムでエネルギー異常が検出されなければ、それを「回転体」にしても意味がないと思ったからです。

同時に、そのときに研究所にあった測定器では不可能だということも判明しました。電磁気の瞬間的な過渡現象を記録するための測定器、つまりデジタル波形記録器（ウェーブメモリー）が必要だったのです。今ではごく普通のオシロスコープに内蔵されていますが、当時は高価で、とても手が出ません。

あれこれと議論を重ねた末、結局、私たちは回転体を作ることに集中しました。

試行錯誤の末、何とか火花放電しながら連続回転するモーターが仕上がりました。1978年の中ごろです。コンデンサーの電荷を、火花放電を介してコイルに通し、回転力を得るモーターです。これは、あのエマモーターの原型に近いものでした。

ただ一つ、エマモーターと違っている点があります。それは、使用されなかった電気をコンデンサーに回収し、再使用する点でした。

これは私のアイデアです。

したがってこの試作機は、厳密にはエマモーターではありません。言ってみれば「エーテルエンジン試作ゼロ号機」です（エーテルエンジンに関しては後述します）。

少なくとも、この方式でモーターにできることを実証したのです。そしてこの試作機が「現物のエマモーターを見た3人」によって作られた、最初の試作モデルでした。

それをモーターに構成するということは、当時の私には無意味なことのように思えました。しかしやってみると、研究上においてもそれなりの意味があることがわかったのです。やはり年の功、年輩・大山氏の考えが先行していたのでしょう。

ちなみにモーターというのは、他人に見せる場合、迫力があります。その迫力は、反発テストシステムだけでは望めないことでした。

大山氏の技術的な「勘と実行力」には、大いに学ぶべき点がありました。ある日、彼はモーターについて、こんなことを言いました。

「グレイだって、やり始めはこんなもんだよ。この程度のものをいろいろといじったり改良したりしているうちに、変な現象が見つかったんじゃないのかなあ……」

この言葉は、今から考えるとまさに予言でした。

何かを探している人が見ないと、異常現象には気づかない

大山氏は「まあ、やってみろ」という感覚が先立ち、論理よりも実行を優先する、いわばア

メリカっぽい思考の持ち主です。これに対して私は、出ている現象や実験結果を細かく頭の中で分析する性格でした。

私の性格では、現象を正確に把握できる反面、思考が頭の中で堂々めぐりして、次に進めない欠点があります。だから、大山氏の大胆な実行力がなければ、研究は進まなかったことも事実です。そして、この大山氏による「予言」が現実になるようなことが、ある日起きたのです。

話が前後しますが、実はこれは私がセイコー電子工業に入社した後の話です。会社の仕事が終った後、私は都内某所のビルの中で、新しい試作機を仕上げていました。

その日私は、研究を手伝ってもらった友人の電気技術者・前座敬氏と、試作モーターをチェックしていました。それは研究所で最初に作った試作ゼロ号機とは別の試作機です。

それはモーターのコイルを反発させたときに、再生される電圧を調べているときのこと。再生電圧を示すメーターを見ていた際、不可解な現象に気がつきました。

「おい、ちょっとおかしいぞ……」

コンデンサーに再生される電圧が、ローターを回転させないときよりも回転させたときのほうが大きいのです。電気の常識感覚からすると、その逆でなければなりません。起こりにくいときもありましたが、高い確率で再現できました。

私は忘れないように、厳密にそのデータを記録すると同時に、一緒に実験をやった前座氏と「お互いに黙っておこう」と約束しました。

それはちょうど、偶然に巨大なUFOを目撃した二人の科学者が、お互いの立場を考慮して「今のは見なかったことにしよう」と約束したようなものです。

アメリカにいた際、実際にそういう原子力科学者に会ったことがあります。彼は海中から突如出現し、一気に飛んでいった巨大な母船型UFOを同僚と目撃していました。UFOの機体周辺はコロナ状の放電が取り巻き、実に美しかったそうです。

ちなみに異常現象というものは、何かを探している人が見ないと、それが起きても気がつかないものです。海面から出てくるUFOを見ても、単細胞の頭脳の科学者なら、大きな鯨が跳ねているくらいにしか見えないでしょう。

このときに見つけた異常現象は、私の頭にインプットされました。

セイコー電子工業への中途入社

研究と実験に明け暮れていたある日、出版社の編集長をやっている知人から、佐々木浩一という人を紹介していただきました(佐々木氏はすでに故人となられました)。

佐々木氏は超能力に関する古くからの研究者であり、著書もあります。本職は電気技術者であり、三立電機という会社の創業者でした。ありがたいことに、佐々木氏は私の研究に関する基本特許の出願に協力してくれました。

その佐々木氏に紹介されたのが、セイコー電子工業（当時は第二精工舎）の当時の時計設計部長・小牧昭一郎氏でした。


その当時（1978年）、セイコーはクォーツ（水晶）の性能アップに邁進していました。そのセイコーウオッチの設計を引っ張る最重要ポストにおられたのが、小牧氏です。

頭の切れは抜群で、旺盛な好奇心の持ち主でもある小牧氏は、多様な事柄に対して柔軟に思考することができる人でした。いつも唯一のことしか、考えることも行動もできない私とは、頭の構造が雲泥の差だったのです。

その、余裕のある思考力と好奇心が、私のやっている未知エネルギーの研究に向けられたようです。ある日、小牧氏は五反田の研究所に見に来られました。さらに後日、私にセイコー電子工業に来ないかと誘ってきたのです。

正直、私は戸惑いました。私のような心と行動に放浪癖のある人間には、セイコーのような立派な会社では勤まらないのではないか、と思ったからです。

ところが、大山氏にそのことを話すと、一喝された。

「何を迷っとるんだ！　セイコーのような一流会社には、研究をする上であんたが知らない知恵とノウハウが山ほどある。それを学べる絶好のチャンスじゃないか！」

大山氏は、私の欠点をよく知っていたのです。

結果、大山氏の言ったことはそのまま現実となりました。私は、セイコーにおける経験なくして、その後現在に至るまでの研究は不可能であったと断言できるでしょう。

そんな小牧氏のおかげで、1979年、私は中途採用者としてセイコー電子工業に入社することになりました。未知エネルギーの研究をセイコーで開始し、完成させようと思っていたことはもちろんです。

大山氏の言うとおり、ここで私は研究のための重要な知識をたくさん学ぶことになりました。

その一つに、当時ほとんど普及していなかったパソコンの使用法とプログラミングを習得できたことがあります。プログラミングをやるには、若さによる忍耐力と長い時間が必要です。もしこのときやっていなければ、その後ずっとできなかった可能性もありました。

私は小牧部長配下の時計設計部に配属、さらに上田課長配下のウオッチ用超小型ステップモーター、小型ブザーに関する設計チームに所属しました。超小型ステップモーターはクォーツ時計の心臓部です。セイコークォーツの性能はステップモーターの性能に大きく依存していました。

高性能のパソコン・プログラムに感動

さて、そのチームに志田氏というプログラミングの達人がいました。

彼はステップモーターのパソコンによるシミュレーションソフトを、瞬く間に作ってしまいました。ステップモーターの動作を表す微分方程式をパソコンで解き、モーターの動きと消費電流をプロッタでグラフ化して表示出力したのです。

クォーツウォッチの秒針の動きは、1秒ごとに止まったり動いたりしているだけのように見えますが、よく見ると実はその瞬間、非常に複雑な動きをしています。パルスの電圧が加えられた瞬間、振動と制動の入り交じった複雑な動きをするのです。

ここでの重要な問題は、与えられたパルス電圧によって回転できるかどうかを予測することです。大きすぎるパルスを与えると回転しすぎて2秒分動くし、小さすぎると少し動いて逆戻りします。ちなみにパルスは小さいほど消費電流が少なく、電池寿命が延びます。

シミュレーションによると、試作をしないで設計仕様だけで、だいたいの性能を予測できるとのこと。複雑なステップモーターの動きと消費電流の波形が、数十秒間計算された後、プロッタで見事に描かれます。私はそれをあっけにとられて見つめていました。

パソコンは当時としては最も高性能のヒューレット・パッカード（ＨＰ）社製でした。

今でこそ、こんな技術は何でもないでしょう。読者の皆さんには「何でそんなことに感心してるんだ」と大笑いされそうですが、ここまでの性能の国産パソコンは、１９７９年当時、存在しませんでした。

まるで生き物のようなパソコンの動作を見ながら、私はつくづく思いました。

〈間違いない、これは私の疑問を解いてくれる器具だ……〉

疑問というのは、もちろん「未知エネルギーの研究」に関するものです。当時、私の頭の中でぐるぐる回っていて解けなかったのは、次のような疑問でした。

「エマモーターの回路で、コンデンサーの放電によってコイルが反発か吸引してコイルが動いたとき、いったいどんな電流が流れ、最終的にコンデンサーの電圧がどうなるのか？」

従来の過渡現象の理論で解くと、果たしてどうなるのかという疑問です。これを解くには、コイルのインダクタンス（誘導係数）が放電時間とともに変化する微分方程式を立てなければなりません。

そしてそれは、もはや代数式では解けません。ステップモーターの微分方程式を解いたように、ルンゲ・クッタ法（常微分方程式の近似解を求める方法）を使用しなければならないのです。

（※専門用語が飛び出したせいで、読者の皆さんには読みづらくなってしまったかもしれませ

ん。文脈上、どうかご容赦ください）

そんなある日のこと。私はとんでもない仕事をすることになりました。当時の私といえば、パソコンはおろかコンピューターに関する知識はゼロ。

そんな私に、超小型ブザーのシミュレーション・プログラムを作るという仕事が回ってきたのです。

〈さて、どうしたものか……〉

数カ月にもおよぶ悪戦苦闘の末、何とかそれらしいプログラムを作ることができた私は、同時にパソコンの「能力と魔力」を知ることになりました。

以来、私はどうしても必要なとき以外は、自分でソフトを作らないことにしました。パソコンには、精神を引き込んで奴隷にする「魔性」があることがわかったからです。しかし、このときに得た知識なくして、以後の研究ができなかったこともまた、事実です。

入社5年半で再認識した未知エネルギーへの探求心

セイコーで最も楽しくやった仕事があります。

それは「ジュネーブ市賞」という、スイス・ジュネーブ市が主催した時計のデザインコンテストに出品する、試作モデルを作る仕事でした。

そのモデルは、デザイングループの深山京子氏がデザインした置時計でした。ピラミッドの中で月や星が運行するのをイメージした、宇宙感覚のユニークなモデルです。

私は一目でそのモデルが好きになり、やる気が湧きました。そして時計関連の様々なセクションから、合計10名程度の、それぞれ得意とする分野を持った技術者が集まり、チームを作りました。私は当時手がけていたEL（エレクトロ・ルミネセンス）を使い、月と星をイメージする光る針とその駆動回路を設計・製作しました。

結果、そのモデルは第2位を受賞しました。ちなみにグランプリを取ったモデルも、一緒にやったチームで作ったものです。

セクションを超えて作ったチームは、強い個性を持った人たちの集合体です。それらをいかに融合させるかという、組織論的な面白い試みを、私はこのときに経験しました。

その後、私は電子機器事業部というコンピューター関連製品を作る部署に籍を置きました。そこでは、大型のワークステーション（汎用コンピューター）用のマルチ電源装置を担当することになります。

セイコー側でその仕様を決定し、日立製作所に設計・製作を依頼しました。私は日立との交渉窓口となり、日立に出張することが増えました。

しかしそのおかげで、私は優秀な日立の技術者から電源の設計評価に関する多くの知識を得ることができたのです。

この期間、日立の電源設計チームの中で経験したことの中に、非常に印象的でずっと尾を引いて忘れられなかったことがありました。それは、そのまま昨年成功した超効率インバータを設計試作するときの大きなヒントになりました。

セイコーが発注したマルチ電源とは、多くの種類のインバータを一つの箱の中にまとめ上げたもので、インバータの塊のようなものでした。一番大きな問題は、インバータのトランスから発生するノイズです。これをいかに抑え込むかがワークステーションの電源に使えるかどうかのポイントでした。日立の技術者が最も苦労されていたことです。

このノイズは通常リンギングと呼ばれ、電源の設計者には嫌われます。結局は、ノイズ吸収の回路を使って熱として消費され消されます。ちゃんと対策はあるわけですが、使いすぎるとインバータの効率が落ちます。薬みたいなものですね。

私はこのリンギングの波形を見たとき、なぜか不思議に思ってそのイメージが心の隅に残り続けていたわけです。

〈これはエネルギーじゃないのか……なぜこんな現象が出るんだろう？〉

リンギングとは英語で「耳鳴り」という意味があります。つまり不思議な響き（ノイズ）のことでしょう。私はこれはぴったりの言葉だと思います。理由のわからない響きなのです。どうもこのリンギングの中に、私の発見した未知の第3起電力が作用しているらしいことがわかったのは、昨年超効率インバータを試作できたときでした。

未知の響き、リンギングとは、まさに未知の第3の起電力による振動であったようです。つまり未知のエネルギーが目に見える状態で現れていたわけです。日立の技術者にとっては、消し去るべき悪魔の音でしたが、私にとっては天使の声であったと言えます。

当時、居候の如く滞在させていただき、たいへんお世話になった、日立の電源設計チームの皆様には今さらながら感謝しております。

セイコーに入る前、大山氏に忠告されたとおり、私は様々なノウハウを学ばせていただきました。しかし、これらはほんの一部です。最も大きな結論はこれでした。

「科学技術者として何か私自身のものがあるとするなら、それは心に持ち続けている未知エネルギーの研究しかない」

なぜなら、他のどんな分野をやろうとしても、そこには優秀な人間がひしめいていることがわかったからです。

私は昔から競争が苦手でした。

もし、そのうちのどれかをやっても、単なる中級以下の技術者としての価値しかないことが、はっきり見えたのです。そして何よりも問題だったのは、それらの分野にあえて挑もうとする情熱が、さっぱり湧いてこなかったことでした。

これは致命的でした。

今でもそうですが、私は情熱が湧かないと何をすることもできない性格です。「会社の中で優秀な人間が絶対に目をつけない、理解できそうにないことをやる。そしてそれは、絶対的な価値を持っていること」

見方によっては、これを「負け犬の遠吠え」と呼ぶのかもしれません。しかし私には、もうそれ以外に残された道はなかったのです。

皮肉なことですが、これがセイコーで学んだ最も大きな結論でした。そんな結論が頭の中をちらつくようになったころ、私が同社に入社して5年半が過ぎていました。

大企業の平社員という、最も責任がなく楽なポストに身を委ねながら、そんな環境とは裏腹に、なぜか悶々《もんもん》とする日々。

本音を言えば、大企業に勤めて安定した身分でいるよりも、リスクテイクして独自の研究に打ち込める研究所内で開発と実験に集中することこそ、私の夢でした。

しかしそのためには、当時勤めていたセイコー電子工業を退職しなければなりません。セイコーが私のために、好き勝手できる研究所を作ってくれるわけがないからです。しかし退職の踏ん切りも、なかなかつきません。毎日毎日、頭の中は堂々めぐりです。

私に踏ん切りがつかなかった最大の理由は、この会社で研究のために重要な多くの知識を得ることができたからです。当時の小牧部長を筆頭とする人脈を中心に、私の周囲には実に優秀な人たちがそろっていました。もっとセイコーに在籍すれば、さらに多くを学べるかもしれない……そんな欲望も当然ながらありました。

しかし同時に、いずれその知識を生かして未知エネルギーの研究をやると、私は前々から腹をくくっていました。

〈よし、彼らにできないことをやる！〉

後ろめたさがなかったと言えば嘘になりますが、とにかく去るべきときが来たと確信した私は、セイコー電子工業を飛び出す決心をしました。

ついにエーテルエンジン「試作一号機」が完成

セイコー電子工業を退職した私は、新しく設立されたクリーンエネルギー研究所を舞台として、東京電力の技術開発研究所でスタートして以来、実に3度目となる本格的な実験を開始しました。まさに「三度目の正直」です。

今度こそ、未知エネルギーのシッポを何としてもつかみたかった私は、実働するエネルギー発生機を作ることを目指しました。

それ以外に、技術者として私が生きる道はない、もはや引き返すことのできない道を進み始めてしまった、強くそう感じました。

それからは毎日が実験の連続。長くつらい試行錯誤を重ねた末に、やっと目的の「連続回転できるモーター」を作ることができました。コンデンサーの放電時に、エンジンの爆発のような大きな音がすることから、私はそのマシンに「エーテルエンジン試作一号機」と名付けました。

【エーテルとは宇宙空間に充満すると思われる物質で、光を伝える媒体】

こんなことを書いたら、ほとんどの物理学者に文句を言われるでしょう。

なぜか？　エーテルの存在は、過去の実験によって否定されたことになっているからです。

その実験は「マイケルソン・モーレーの実験」と呼ばれるものです。

マイケルソンとモーレーという二人の科学者は、地球の運動からエーテルを検出しようとして失敗しました。その実験結果を前提として、アインシュタインは特殊相対性理論を提唱したのです。

ところが、マイケルソンもモーレーもアインシュタインも、エーテルのようなものの存在を、最終的には否定しなかったのです。

さらに「それでもエーテルは存在する」と言い続けた科学者がいました。それは本書で何度も登場している「ゴーマニスト科学者」ニコラ・テスラです。

現代物理学でも、「真空には零点エネルギーというのが存在する」ことがわかっています。それを、新しいコンセプトとしてのエーテルという、未知のエネルギーの一種とみなしてもいいかもしれません。

ちなみにここで名付けたエーテルエンジンというのは、あくまでも私の趣味で付けた単なる固有名詞です。同時に、零点エネルギーのような未知のエネルギーを取り込むことを期待して付けた名前でもあることを、付記しておきます。

コイルの磁場解析の結果、次の実験モデルを構想

このエーテルエンジンは、コンデンサーの放電をサイリスタで制御することによって回転する試作モーターの第一号機でした。先に述べた「エーテルエンジン試作ゼロ号機」と異なる点は、サイリスタを使用して火花放電部分をなくしたことです。

もう一つは「回り灯籠」ではない点でしょう。

この一号機は、回転軸に負荷をつないでも十分回転できるトルクを発生していました。スターターの直流モーターを、回転を開始した後、発電機へと切り替えることで数十ワット程度のランプを点灯することができたのです。これによって、試作ゼロ号機よりもかなり進展したモーターを作ることには成功したことになります。

さらに、こうしたモーターの試作と同時に進めていた研究がありました。

それはコイルの磁場解析です。

「なぜ、この実験機の測定結果がシミュレーションどおりにならないのか？」

その点に、私はずっとこだわっていたのです。

それがわかるかもしれないと思い、コイルの移動と同時にコイル内部の磁束がどんな動きをしているのか、知りたかったのです。磁場解析はそのための手段でした。

有限要素法（ＦＥＭ）という計算方法で、コイルやコアの形から、それによって作られる磁場を計算で出すというものです。

これをやるには、当時はまだパソコンではダメでした。中型クラスのコンピューターでないとできなかったのです。私は科学技術計算を専門とする会社に発注しました。

仕上がった計算結果によるコイル磁場の図を見て気づいたことがありました。

それは、コイルが移動すると同時に、コイルの巻線部分を多くの磁束が横切っていくことです。

〈このせいで巻線にフレミングの逆起電力が発生し、コンデンサーに帰る電気を抑え込んでしまうのではないか？〉

これは意外でした。

後で考えると当然のことなのですが、当時はそんなこと、まったく頭にありません。磁束はコアだけに集中しているという、実に単純な発想しかなかったのです。

しかし、この磁場解析結果が基となって、次の実験モデルが思い浮かびました。それはコイルの磁場構造、つまりコアの「形」の改良でした。

試作一号機のコイルでは、コイルの中心にコアがあるだけです。その結果、巻線に動く磁束が集中する状態が発生していました。それを、巻線の上下にもコアをつけ、巻線を横切る磁束をバイパスするような構造のコイルにしたらどうだろう……と考えたわけです。

「大山式発想法」による試作二号機の完成

余談ですが、私は当時、「大山シミュレーション」という発想法をやっていました。大山というのは、本書で何度も登場している大山氏のことです。

仮に私が、富士山麓に住む仙人（当時、大山氏は富士山麓に居住、私は勝手に仙人扱いしていた）なら、次はどう動くか？　実験のたびに、そう仮想していたのです。

すると、かなり大胆な構想が生まれました。

大山式発想法を実行していたある日、次の試作機のイメージが湧いてきました。形を改良したコイルを使用して、高出力・高速回転の「試作二号機」を作ることにしたのです。その狙いは、人間が乗って走れるくらいのカートの動力源となり得ることでした。

そしてこの試作二号機の製作と平行して進めていたことがあります。それは測定システムの充実でした。それには、やはりソフトでもハードでも頼りになる技術者・前座氏の協力が不可欠でした。これはモーターへの入力・出力を動作中、測定計算し、パソコンに表示するシステムです。

そのためには、入力電力を測定するための4台のマルチメーター、機械出力を計るためのトルクメーター、回転数を計るための周波数カウンターが必要でした。

入力と出力を瞬時に表示するため、これらすべての測定器を連結し、パソコンに接続するGP－IBという連結システムを使いました。これで、パソコンの表示を見るだけで、モーターへのエネルギーの流れを総合的に見ることができます。

さらに、モーター・コイルの内部損失を測定する方法も考えました。

16回のコンデンサーの放電時の電圧、電流波形を、デジタル・オシロスコープに記録し、一波形ごとに演算処理、パソコンで出力させるのです。これによってコイルの実効の全損失抵抗を算出することができましたが、ソフトの製作は困難を極めました。

前座氏と何度もやり取りしてバージョンアップした結果、以後、モーター測定のためには最も重要なソフトになりました。このソフトのおかげで、エネルギー異常を証明するデータが取れることになったからです。

このコンピューターによる精密な測定システムで、試作二号機を測定した結果、残念ながら「エネルギー異常湧出」は測定できませんでした。超効率ではなく、エネルギー保存則どおりに動くモーターだったのです。

総電気入力に対し、モーターの機械と電気損失を含めた総出力を計算して効率を出すと、96〜100%の範囲以内でした。

しかし一号機との差は、安定した高速回転で200〜300ワットの機械出力が得られるという点であり、それまでにない新方式のモーターでした。要するに、コンデンサーの放電をサイリスタで制御し、逆起電力を回収しながら回転するモーターだったのです。

こんな変わったモーターは、おそらく試作されたことはないでしょう。

さらにこの試作二号機は、負荷をかけても入力電流が暴走することなく、回転速度と同時に入力も小さくなったのです。

エネルギー保存則に準じる現象でパニックに

私はこの試作二号機を大山氏に見せました。

「おお、やったな！　グレイに見せたらびっくりするぞ」

その褒め言葉の次に飛び出したのは、何と叱責でした。

「おい、どうして火花放電を取ったんだ！」

私は自分の考えと理由を説明しましたが、大山氏は納得しません。私はシミュレーションの結果を第一に信用していました。それの示すところでは、エネルギーの増大現象はコイルのインダクタンスの増大による磁場の増大で起こるはずでした。よって「火花放電は関係ない」という考えに至ったのです。

火花放電部分を作ると、測定が難しい不明な要素を増やすだけで、評価に支障があると判断していたのです。

しかし同時に、私は最初に発見した水平反発実験の結果を、まったく無視していたことになります。

〈ひょっとすると……〉

コンピューターへの過信。その言葉が頭に浮かびました。もしかしたら、大きなミスを犯したかもしれない。大山氏のこの忠告が、頭から離れません。

「よし、サイリスタを使って火花放電を使わない水平反発実験を、再度やってみよう」

私は決心しました。

以前やった実験装置は破棄していませんでした。それに少し改良を加え、目的とする実験を行いました。その結果は、火花放電部分を持たせたときに生じた異常現象が、まったく再現しなくなったというものでした。

装置の他の部品は、すべて最初の水平反発実験と同じ状態です。放電のスイッチングにサイリスタを使用しただけで、コンデンサーのエネルギー上昇が見事というくらい、ピタッと生じなくなったのです。

考えてみると、これはエネルギー異常の出ない試作二号機の結果を裏付けているようなものでした。すべてはエネルギー保存則に準じる、まったく当然の現象です。だから一般的な科学者にとっては、何も悔やむ要素はないはずです。

しかし私にとっては、またしても「エジソンの冷や汗」だったのです。

〈やっぱり火花放電は必要なのか？　じゃあシミュレーションの結果は何なんだ？〉

頭がパニックになっていくのがわかりました。

絶望のどん底で歩いた表参道のけやき並木

それからしばらく、私は暗闇の底をトボトボと歩くような毎日に突入しました。真っ暗なトンネルを、ただ奥へと進み、出口を探している状態です。

〈今までいったい、何をやってきたんだ?〉

〈次はどうすればいいんだ?〉

私が目指している「価値」のあること。

つまり「未知エネルギーの発見」は、最初の段階から足踏みして、正確には何も進んでないことになります。

壁にぶち当たったとき、私がやったことがありました。小旅行はその一つです。八ヶ岳にある常連となっているペンションには、よく行きました。軽井沢にも行きました。

さらに、もっと手軽にやったことがあります。それは、夕方から夜にかけて、原宿の表参道を歩くことでした。

表参道は、私がエマモーター研究のために上京したときに見つけた、東京で唯一、気に入った場所でした。他の都市にはない雰囲気があり、今もそれは変わりません。けやき並木と街の奏でるシンフォニーには、比類ない美しさがあります。

明治神宮の周辺は風水上もよい場所だそうです。

そう言えば、車が混んでいるときに歩いても、排気ガスが淀んでいる感じがしません。けやき並木がすべての排気ガスを吸い取っているとも考えられません。何かそれ以外の、非物質的な未知の力が働いているような気がするのです。

行き詰まると、私は青山通りから明治神宮にかけて、一人で歩きました。その後、山手線に沿って渋谷方向に歩き、「オ・タン・ジャディス」という喫茶店まで行くのが決まりの散歩道でした。これは今でも続けています。「オ・タン・ジャディス」は、「懐かしきくつろぎの時」という名前のとおり、フランスカントリー風のユニークな内装感覚のある喫茶店です。この店に入った途端、時空がスリップする感覚になります。また数年前には、ここまでの散歩道の途中、UFOを観たこともありました。

どん底に落ち込んだ精神状態のときは、美しいものがより美しく見えるものです。街並みも、そこを歩くお洒落な人々も、より輝いて見えます。一種の覚醒状態になっているような感じです。

「みんなこの世を楽しんでいる、なぜ私だけがこんなに悩まねばならないんだ？」

勝手にそう思ったものです。夕暮れ時には、特にそんな感情が倍加されました。

私は高校時代、登山部でした。普段の練習もきついけれど、山で合宿するともっと苦しい体験をしました。体力の限界で、頭が朦朧《もうろう》となる状態が続くことがあります。しかしそのときに見る山の景色は、この世のものとは思えないほど、幻想的で美しいものでした。脳内麻薬のせいかもしれません。

大学に入ったときは、まったくマイペースで山小屋を利用しながら、高校時代に縦走した四国の石鎚山系のコースを楽しく歩いてみました。ところが同じ山の景色に、高校の合宿で経験した感覚がまったく感じられなかったのです。車やケーブルカーで登っても、ただ「きれいだなあ」という程度の薄い感動しか湧いてきません。

個人的な体験に過ぎませんが、本当の美しさとはどん底の状態を経験したときに初めて、見えてくるような気がしてなりません。音楽などの芸術も、そういう状態のときに、心に食い込むように入ってくるものではないでしょうか？　失意のうちに、原宿の表参道を歩くときの感覚もこれと同じだったのでしょう。

切り札で勝負した瞬間、異変を体感

研究を開始してからすでに3年以上が経過した1987年の年末。急激な景気上昇に沸く世間とは裏腹に、私は残された手が尽きようとしていました。

万策尽きた結果、もうこれが最後とばかりに、たった一つだけ、思い浮かんだ方法が残っていました。最後に残された切り札です。

本音を言えば「そんなことをやって効果があるのか？」と、自分自身でも懐疑的で、悲観的な考えしか出てきません。しかし、やるとすればもうこれしかないという土壇場に来ていました。

それは、コイルの磁極、つまりコア構造の改良でした。

試作二号機は、巻線をコアの中心と上下の三方から取り囲んでいました。それを、さらに巻線の外部にも磁性材を取り付けて、ほぼ完全に巻線を囲んでしまうということです。もし完全に囲んだら、磁場は外部に出なくなります。当然ですが、モーターとしての働きも弱くなります。私はわずかな隙間を作り、数枚の薄いシリコン鉄板を巻線外部に接着しました。

除夜の鐘を聞きながらの作業。年が明けた後は、研究所のすぐ近くにある東京大神宮に初詣に出かけました。

改良したコイルでモーターを回転させると、予想したように出力は弱くなりました。何よりも気になったのは、やはりコンデンサーの電圧波形と放電電流波形です。しかし、それを見たときでした。

「おっ、待てよ……何かありそうだぞ」

異変を感じたのです。

回転数がゼロもしくは低い状態のときと、高い状態のときを比較すると、ほとんど差が出ないのです。見方によっては、高速回転時のほうが大きくなっているようでした。私は巻線に張り付けるシリコン鉄板の厚さを、いくつかの段階に変えて試しました。すると、1ミリ程度の厚さのときが最も顕著でした。総合的な効率を測定すると、内部損失は大きいけれど、101～105％となりました。

〈何かつかめたのか？〉

不思議な感覚でしたが、現象の出具合が実に地味で、今一つ、確信が持てません。心から喜んでいいのか、何とも煮えきらない状態でした。

ついにエネルギー湧出現象に成功

そして最後に思い浮かんだアイデアは、コイルの巻線の各層間にも磁芯のシールド板を挿入してみる、というものでした。

こうすれば、巻線を上下に走る磁力線をシールド板でバイパスできるし、コイルが動くときに巻線を横切らないかもしれません。そして巻線に発生する「フレミングの逆起電力」を抑えることができるのではないか？　その結果、コイルの磁場の増大作用でコイル内の磁気エネルギーが増大しないだろうか？

私の発想は、通常、コイルの中心だけに集中している磁芯を、巻線の間にも分散させるという考え方です。

そんな奇妙な構造のコイルは、電気機械に使われたことがなかったはずです。従来のものとはまったく異なる構造を持つ、このコイルを「ＭＬＣコイル」と名付けました。多層コアコイル（Multiple-Layered-Core Coil）という意味です。


早速、私は試作するＭＬＣコイルの仕様を決め、やがてこの新型コイルと、それを取り付けたステーターの部分が仕上がりました。それを試作二号機のステーターと取り替え、テストを開始しました。最も期待する瞬間であり、最も恐い瞬間です。

モーターはトラブルなく回転を始めました。ＭＬＣコイルの巻線間に挿入したシールド鉄板が振動するため、バリバリという、やたらと大きな音がします。視線は入力の電流計へと注がれますが、回転の上昇とともに減ることを期待していた数値は、そうはならないようでした。

〈また失敗か？〉

一瞬、不安がよぎりました。

しかし、オシロスコープでコンデンサーの電圧波形を見た瞬間、不安は消え去りました。なぜなら、コンデンサーに帰ってくる逆充電電圧が、回転がほとんどゼロのときよりも増えている、つまり湧出しているのが、波形を見るだけで確認できたからです。

よく見ると、500~1000rpm程度の、かなり回転数が上がっている状態でもそうなっていました。

要するに、モーターの回転が上がると、逆にコイルのエネルギー消費が減っていることを示していたのです。

〈つかめたかな…?〉

精密測定していないという不安はありましたが、胸の内はまったく逆でした。

その後、コンデンサーの電圧を精密測定すると、高速回転でエネルギーが増大している事実がはっきりと確認できました。つまり、それまでテストしたコイルとは、まったく逆の現象が生じていたのです。

普通の形状のコイルだと、回転が大きくなるとコンデンサーに戻る電圧は小さくなります。その逆の現象が生じることは、それまで決してなかったのです。私がそのときに確認した現象は、ずっと出ることを期待し続けてきた現象でした。

1988年6月24日。本格的に研究を開始してから、約3年半が経っていました。私はやっと、暗闇から解放されたような気がしました。

次々とあり得ない現象を測定する

その現象を見た瞬間、背筋がゾクッとしたのを今でもよく覚えています。それは、数えきれないほどの失敗で体験した冷や汗ではなく、純粋な霊感から来るものでした。

「エジソンの言う1%の霊感とは、これではないか?」

その後、私はMLCコイルを使用した、この「試作三号機」の細かい測定を続けました。そして測定を続ければ続けるほど、従来のコイルとまったく異なる特性を持っていることが、より明白になりました。

私は二号機同様、総合効率を測定しました。モーターへの全電気入力と全エネルギー出力を比較した効率です。エネルギーの異常がない場合、100%に近い数値となるはずで、全エネルギー出力とは、機械出力、内部機械損失、内部電気損失の合計です。

すると、105~113%という数値が出ました。

しかしこの数値には問題がありました。多くの測定値を合計するので、誤差を考慮すれば信頼性は小さいのです。まったく同じ方法で試作二号機を測定すると、96~100%という数値になったことは先に述べました。

もう一つ、異常現象を裏付ける測定を行いました。

それは、コイルの見かけ上の損失抵抗です。これはコンデンサーの電圧波形と、放電電流波形を波形のまま演算処理して得られる値です。試作三号機のＭＬＣコイルは、回転が増大すると損失抵抗が下がるのが確認できたのです。

これもまた、普通のコイルを使用した場合ではあり得ない現象です。コイル内では必ず、電流と反対方向に生じる逆起電力によって、見かけ上の損失抵抗が大きくなるからです。

これらの測定で、実験の第一段階が成功したことを確信しました。

実験研究とは、その対象が機械であったとしても、やはり自然探究の一種です。そして自然というものは、決して「自然ではない」気がします。こちらが捉えようとすれば、なかなか本性を現しません。追究する者をからかうように、いろいろな試行錯誤をさせます。

そして期待しないときに、ふと、その秘密を見せることがあるのです。一見、気まぐれのように見えますが、根気よく追究すると、徐々に論理的な正体を見せてくれます。

自然とは「素直なもの」ではなく、何かそこに生きているような「意識」を感じてしまうのです。

第六章

脱原発、脱自然エネルギーで世界は大激変する

いきなりNASAから届いた不思議な招待状

第二章で、米国物理学会の『応用物理学ジャーナル』誌上に、かつて私の論文が掲載（1995年6月）されたことを述べました。

さらにその前に、とある大学教授からの勧めもあって論文投稿したアメリカ電気電子学会（IEEE）に「フラれた」ことも述べました。当時は怒り心頭だったことをよく覚えていますが、今となってはそれさえも懐かしい思い出です。

『応用物理学ジャーナル』に掲載されてから、あのマローブ博士をはじめ、世界中の研究者からの反応がありました。

それがあったからでしょうか。

1999年3月。突然、ヴァージニア州の「NASAラングレー研究所」から私の自宅に一通の手紙が届きました。その内容は、年末（1999年12月）にNASA主催で行われる磁気関係の国際会議で、私に研究発表をしないかという提案でした。

驚きました。なぜ草の根科学者の私に、そんな世界規模な会議の案内が？

もちろん、NASAに知り合いなどまったくいませんし、その国際会議の関係者に知り合いもいません。そもそも、私の住所をなぜ知ったのか？　不気味極まりないのですが、当時は研

「第３起電力」の論文が掲載された学会誌。
左：米国物理学会　1995年６月１日
右：NASA ラングレー研究所　2000年７月

究に没頭していたため、そうした疑問は持ちませんでした。

そのことを周囲に話したところ、「NASAからそんな手紙が来るなんて素晴らしい！」という反応が大半で、科学や物理の世界以外の人も、だいたい似たような反応でした。

そんな第三者の反応を見て、私は「こりゃ無視すべきじゃないな」と気づきました。NASAのブランド力が、よくわかったのです。そこで急遽、論文のテーマを決めて、NASAにその件を伝え、新しい論文の執筆にとりかかることにしました。

しかしよく考えると、NASAも私に絶妙なタイミングで発表の場をくれたものです。ちょうどそのころ、私は『応用物理学ジャーナル』誌に発表した論文の内容から、さらに研究を進め、より精密なデータとその分析、さらにそれに従う新しい仮説を考案していたときでした。

人間は近くて大きな目標があると、まるで何かが乗り移ったかのように、信じられないほど頭が働くものです。それを実感したのがこのときでした。

大げさな言い方かもしれませんが、頭がパンクするほど、限界まで使ったのはこのときだと思います。仕上がった論文を、専門家に英訳依頼するとともに、その内容をキチンと英語で喋れるよう、私は2カ月間特訓を行いました。幸い海外での発表は2回目でもあり、多少雰囲気には慣れていたせいか、気持ち的には最初に比べて楽だった気がします。

そして1999年12月1日〜3日、カリフォルニア州サンタバーバラのラジソンホテルで会議が開催されました。ご厚意により妻も同行させていただいたのですが、実はそのおかげで私たちは実に興味深い二つの体験をしました。

その話をする前に、研究発表について簡単に述べておきましょう。

30分間の発表は特訓の成果もあり、かなりうまくやれたと思います。参加者から多くの質問を受けましたが、これは話の内容がちゃんと伝わった証拠だそうです。

質問の内容は、事前に予想していたものとほぼ同じでしたし、十分に対処できたと思います。質疑応答の時間も、10分から15分に延長された記憶があります。

発表後、ニューヨークから来た中国系アメリカ人の技術者の方が私に近づき、「まるでパールハーバーだ！ プレゼンテーションも内容も素晴らしい！」と絶賛、握手を求められました。

ほとんど不動で講演を聞いていた謎の４人組

その会議場で、私たち（直接目撃したのは妻）が経験した二つの不思議な出来事について、お話ししたいと思います。

私が研究発表する前、および発表中、妻が「意外なもの」を見てしまいました。

それは私が発表する少し前のこと。ラジソンホテルの上空にキラキラと金色に輝くＵＦＯが出現したのです。十数分間以上、ゆらりゆらりと動きながら滞空していたそうです。妻は久しぶりにＵＦＯを目撃し、ボーっとして写真を撮ることを忘れてしまったそうです。というよりもむしろそういう感覚が起こらなかったようです。

もう一つも、同じくちょっと不思議な出来事でした。

妻によると、私の発表が始まる直前に、会場に４人の紳士が入ってこられました。カッコいい精悍《せいかん》な顔つきでスーツをビシッと着こなす、身なりもいい方々です。会場後方から見て左側中央部、前後の座席に二人ずつ座りました。一人はロマンスグレー、３人は若くて黒髪で、その３人はロマンスグレーの方の部下という感じです。

ラフな服装が目立った会場の参加者の中で、その４人は身なりの点でも実に印象深く、だからこそ、ちょっと異質な感じがしたそうです。

ちなみに私の発表の間中、４人はまったく動かなかったそうです。特にロマンスグレーの紳士は、右手を右の頬に当てて机に肘をついている姿勢を最後まで崩さなかったとのこと。学会の発表会に限らず、たとえば著者の講演会などに参加された経験のある読者の皆さんなら、感覚としてご理解いただけると思いますが、聞いているときは頭や手、あるいは足などを不動でいることはないと思います。

彼ら四人の周囲だけは、特異な雰囲気が漂っていたそうです。

彼らは私の発表が終わると、すぐに出ていったそうです。

私は発表中も彼らの存在に気がつきませんでした。さらに不思議なことがあります。妻が会場の最後列から撮影した写真に、彼らがまったく写っていなかったのです。会場のホテル内で行われた懇親会にも、彼らは参加していませんでした。

彼らは何者だったのでしょうか？　しかるべき場所に写っていないことから、証拠もなく、調べようがありませんでした。

そもそもNASAからの招待状からして、不思議なことの連続でした。真相は今も不明ですが、『応用物理学ジャーナル』誌に掲載された論文が引き金になったことは、大きな要因として想像できます。論文の深い内容を読み取ったNASAの科学者、会議の議長クラスか理事クラスの方が、私に案内を送ってくれたのでしょうか。

大学の卒業研究にUFOの飛行原理を選んだ同級生

そのUFOに関して、ここで私の見解を述べたいと思います。

それは宇宙船アポロが月へ行った1970年ごろの話。当時私は大学の電気工学科に在籍していました。そして同じ電気工学科の同級生に、南善成君という変わった学生がいました。彼は卒業研究のゼミナールで、当時としては、とんでもない発想の研究を発表したのです。ここでの「とんでもない」の意味は、とんでもなく奇抜で進んでいる、という意味であり、決してナンセンスという意味ではありません。

簡単に言えば、南君は「UFOの飛行原理」の研究をしていたのです。

NASAが開発したアポロが月へと人間を送り込み、サターンのような強大なロケット技術が称賛されていた時代に、彼はロケットとはまったく異なる宇宙飛行原理を発想し、追究していたのです。

その原理とは、地球や天体の持つ磁場や重力のような、いわゆる「フィールド（場）」を使って推進する方法でした。機体（宇宙船）自体に天体の持つ場と同じものを作り、それによって反発や吸引力を発生させて飛行しようというものです。

彼流に言えばこれを「フィールド推進」と呼びます。時空間の構造との相互作用を利用し、宇宙船を時空間の構造に対して推進させる考え方であり、場の近接力（圧力推力）を利用する移動手段です。

身近なものでたとえると、両手に磁石を持ったときに感じる反発力や吸引力であり、それを使うのだと考えればいいいかもしれません。

巨大ロケット全盛時代に、こういう飛行原理を発想する彼自身、とんでもない「独創者」です。もっと言えば、ゼミナールでこんな研究を発表させた、故小堀教授も「さらにとんでもない教授」だったと言えるでしょう。

最近の大学（理系）では、こうした独創を理解できる教授は少ないでしょう。いるのかどうかも、ちょっと怪しいかもしれません。

南君は卒業後、NECの宇宙開発事業部に就職しました。そこで彼は、人工衛星や国際宇宙ステーションにおける、日本の宇宙実験棟の設計を担当しました。その間、彼は独自にフィールド推進の研究を進め、特許も取得しました。

さらにその研究は、超光速や空間ジャンプにおける原理の追究にまでおよんでいました。またその成果を、NASAを含む国内外の航空宇宙関係学会で頻繁に発表していたこともあり、世界の宇宙技術関係における研究者間で、南君は著名人でもあります。

彼の研究したフィールド推進は、そのままUFOの飛行原理であると考えてもほとんど差し支えはないでしょう。

この方法によると、ロケットのように膨大な燃料を消費することなく、遠い天体まで飛行が可能です。なぜなら、天体周辺や宇宙空間のあちこちに存在するフィールド（場）を使うからです。宇宙空間のどの場所でも永久に機体を加速させることができますから、この技術をマスターしたときこそ、地球人が本当の宇宙旅行が体験できるときでしょう。

世界中で観測されている未知の飛行体であるUFOの飛行原理が、フィールド推進によるものだとすると、UFOの示す不思議な特徴は、そのほとんどの説明が可能です。

排気ガスも出さず、無音、超高速で飛行、ジグザグ飛行のように瞬時に方向転換できる宇宙航行技術があれば、太陽系内の惑星間程度なら十分、短時間で往復可能です。地球から遠く離れた惑星までも、ジェット機で日本から地球の反対側にあるブラジルへ行く程度の時間で可能かもしれません。

宗教思想となってしまった光速度不変の原理

この程度の仮説を出しても、物理学者や天文学者は「UFOは異星人が搭乗して他の惑星からやってきている飛行機」だとは、絶対に信じません。太陽系内の地球以外の惑星は、様々な観測の結果、人類が住める環境ではないからです。彼ら学者にとって、UFOを作れるような技術レベルを持った文明的な異星人が太陽系内にある他の惑星から来ることは、絶対にあり得ない発想なのです。

しかしながら、NASAが様々な探査機を他の惑星に飛ばして撮った写真の中には、説明しがたいものがたくさんあります。火星には多くのピラミッド状の構造物が写っており、濃密な大気があることで有名な土星の衛星タイタンにも直線で構成された人為的構造物らしきものがあります。

こういう構造物が、天文学者にはどう見えているのか、私には謎です。都合の悪いものが目に入らないよう、自分をコントロールしているということでしょうか？

地球上からどんな精密な機械で観測をやろうと、その結果は憶測に過ぎません。他の惑星が本当はどうなっているかは、「探査機を着陸させて初めてわかること」です。そのような観測を常に行っているNASAは、外部に発表するごく少数の写真以外にも、膨大な量の観測結果を所有しているはずですが、残念ながら、それらは私たちには知る術《すべ》がないのが現状です。

それでは他の太陽系はどうでしょうか。

地球に一番近い他の恒星は、ケンタウルス座にある最も明るいアルファ星で、アルファケンタウリと呼ばれます。地球からの距離は4・3光年、すなわち秒速30万kmの光速で飛行して4・3年かかる距離です。

次に近いのが、冬の夜空に強烈に青く輝くおおいぬ座のシリウスです。シリウスは8・7光年の距離にあります。銀河系内の星で、私たちが肉眼で見えるものでも何百、何千光年という距離があるのが普通です。

ところで、他の太陽系内の惑星なら進化した宇宙人もいて、中には地球程度の科学文明を持った星もあるだろうという仮説については、一般の科学者も否定しません。

その一端が「サイクロップス計画」というものですが、これは彼らと電波を使って通信しようという、実にナンセンスな試みです。応答には最低数十年もかかります。

ところが大半の科学者はもう一つ、つまり地球人も他の太陽系の惑星人も、お互い永久に会えることはないと信じています。

その理由は「光速度以上はこの宇宙に存在しない」と信じているからです。

単細胞の科学者は、アインシュタインの相対性理論の基礎となっている「光速度不変の原理」が頭の中に氷結しているのです。なぜかこれが変じて、「光速以上は絶対にない」という物理「宗教的」思想へと発展しているわけです。

超光速は実験的に確認されつつある

一般の科学者の頭の中で、もう一つ氷結しているものがあります。

それは「永久機関は絶対にない」という信条（クレド）です。

このような科学者の視点は、他の太陽系から、宇宙人が一生かけるような時間と莫大なエネルギーを使ってやってくることはないだろうし、不可能だという考え方に立脚します。なぜなら、地球の近隣にあるアルファケンタウリやシリウスは別として、仮に光速度に近い宇宙船で飛んでも何十年、何百年もかかってしまう星がほとんどだからです。これは、現在のロケット等の地球上の科学を使っては、いかなる方法でも不可能であるということです。現在の物理学や天文学の知識を多く持つほど、UFO＝他の惑星から来た宇宙船説を否定したくなるのは、ある意味、理解できます。

しかし、このような科学者の一般的な見解は、本当に正しいのでしょうか？

超光速という現象は、実は科学の世界ではすでに16年も前に確認されています。1995年、カリフォルニア大学バークレー校（UCB）のレイモンド・チャオ教授らが『量子光学』誌に載せた論文があります。

その内容は、「鏡を通り抜けた光子が、空気中を伝わる光子よりも1・7倍の速度を持ったように観測された」というものでした。

さらにもう一例、2000年、NEC北米研究所のリジュン・ワン研究員が、同年7月20日発行の英国科学誌『ネイチャー』に発表したものがあります。

それはセシウムガスを閉じ込めたガラス容器に磁場をかけ、その中を通過する光の速度を測ると、驚くことに光速の300倍以上の速さになったというレポートでした。

なお本稿を校正中、聞き捨てならないニュースが飛び込んできました。素粒子の一つであるニュートリノが、超光速で飛ぶことが実験的に証明されたらしいのです。名古屋大のチームが、欧州合同原子核研究所の加速器を使って確認したとのことです。

これはたいへんなことです。前記二つの実験は、光の速度が特殊な条件下で超光速になることが測定されたわけです。ところがニュートリノは光と異なり、質量があることが確認されています。質量のある粒子が、超光速になることは相対論と矛盾します。物理学の金字塔である、アインシュタインの相対論までゆさぶるような現象が出始めたのです。

物理法則とは、「常にファジー」であり、絶対はありません。

科学の世界において、超光速は実験的に確認されつつあるのです。

事実は小説よりも奇なりということわざがありますが、これをもじって「事実は科学理論よりも奇なり」と言えそうです。現実に起こる現象には、科学の理論をはるかに超えるものがあるのです。

こうした現象が見つかったとき、現実の現象とそのときの科学理論の「矛盾点」を止揚（アウフヘーベン）することによって、新しい科学理論を構築し進化してきました。

これこそが本当の「科学の進化」であり、現在のマスコミが流布するような科学技術の進歩は、科学の進化とはまったく関係ありません。

なぜなら、ハイテクと呼ばれる技術の基礎となる物理理論の中に、進化しているものは一つもないからです。その典型的な例が「エネルギー」です。

技術は進んでいるかもしれませんが、「科学は進んでいる」などと語るのは、産業界・経済界に都合のいいように作られた、とんでもない「まやかし」なのです。

どこでもドアとワームホールは共通原理

現実に、他の太陽系から宇宙人が来たという状況証拠が残っている、ちょっと興味深いケースもあります。それは、UFO好きな人の間ではよく知られ、いわゆる「ドゴンミステリー」と呼ばれています。

西アフリカのマリ共和国にある秘境の地に、先祖から引き継がれた独特な生活習慣を続けているドゴン族という人々がいます。彼らの種族は、バンディアガラの断崖（世界遺産）と呼ばれる高い絶壁に囲まれた地域に住み、長く文明から切り離された生活を続けてきました。彼らの長老が、先祖からの言い伝えによって知っている知識の中に、驚くべきものがあることがわかりました。

それは、彼らの遠い先祖はシリウスから来た神によって様々な生活技術を教えられたことです。彼らの神が来たシリウスは連星からなり、その周辺には小さいけれど、とても重い星が周回していることでした。

このシリウス星系の詳細な構造は、20世紀に入って、最先端の天文学が明かした事実と一致しました。つまりシリウスは連星であり、主星の周辺には「白色矮星《わいせい》」と呼ばれる、たいへん小さいけど極端に大きな質量を持つ星が周回しているわけです。

もちろん、このような知識を知る術を、文明から隔離されたドゴン族の長老が持っているはずがありません。しかもその知識は、遠い先祖からの言い伝えによるものです。

この事実を普通に解釈すれば、おそらく何百年も前にシリウスからドゴン族の神(=宇宙人)がやってきて、ドゴン族に知識を伝授したことになります。

さて、ドゴンミステリーに対する科学者の見解はどのようなものでしょうか?

有名なギリシア神話をはじめとする、地球上の様々な民族に残っている伝承の神話とは、ほとんどこのドゴン族の神話と同種のものと考えられます。

シリウスは地球に2番目に近い恒星であり、亜光速(光速に近い)の宇宙船なら、数年かければやってこられる距離です。しかし現実には、銀河系内の何百、何千光年のレベルの星からではなく、何千万光年という他の銀河系からも、異星人たちがやってきているという情報があります。

こうなると、超光速で光の何万倍の速さで飛ぶという程度の概念では、到底、理解できないレベルです。

かつて大ヒットした『銀河鉄道999』など、アニメや漫画で有名な松本零士氏の宇宙漫画には、頻繁に「ワープ」という宇宙航法が登場します。

松本氏は、私が最も好きな漫画家です。彼の漫画を読んでいると、UFOで来た宇宙人から得られたという情報と一致する内容が多いので、びっくりします。まさかご自身がUFOに乗せられ、宇宙旅行をして他の文明星に行った体験を書いているのではと、つい想像してしまうほどです。

ワープ航法を使えば、遠い星の空間と地球側の空間が、異空間のトンネルを通じて直結され、そのトンネルの中を宇宙船が進むことで瞬時に何万光年の彼方まで行くことができます。

もちろん、現在の科学常識のレベルでは無理ですし、SFの世界でしかあり得ない宇宙航法でもあります。しかし、前述した大学の同級生である南君は、ワープのような宇宙航法の理論について、すでに海外の学会で発表しています。

現代の宇宙物理学では、ブラックホールやホワイトホールをつなぐ通路のような時空があるとされ、それは「ワームホール」と呼ばれています。

ワームホールを通過すると異空間に出られることから、これがもし可能なら、ワープ航法と同じ現象が起きます。もちろん、まだ理論の世界のみの話です。

松本氏の漫画のおかげで、ワープするという言葉は日本人に定着しましたが、これとよく似た内容が、やはり別の漫画に登場します。さて、何でしょう？

答えは、国民的人気を誇る藤子・F・不二雄氏の漫画『ドラえもん』です。

『ドラえもん』では、「どこでもドア」で空間のどこにでも、望む場所に移動できます。子供のころに夢中になった読者なら、この道具に憧れた記憶があるのではないでしょうか？

このどこでもドアも、ワープ航法とまったく同じ概念です。

東京メトロでのテレポーテーション体験

私は最近まで『ドラえもん』を見たことがなく、「どこでもドア」の存在も知りませんでした。ところが8年前（2003年9月28日）、私は自分自身で、どこでもドア的な体験をしてしまったのです。

今思い出しても、本当に不思議な経験ですが、実は2000年ごろから、他人に言っても絶対に信じてもらえないような体験が、次々と身の周りに起こるようになりました。

その中でも、最も他人が信じないだろうと思っているのが、この体験です。

これはテレポーテーション（瞬間移動）と呼ばれます。

要するに、ある場所から、ある場所へ、瞬間移動してしまったのです。もちろん、超能力者のように、私が自分の意志でやったわけではありません。もしそんな能力があれば、交通機関の切符を買う必要がないから、それはそれで素晴らしいのですが。

それは、長野県諏訪市で講演を行う数日前の経験でした。

講演会の担当者と電話で打ち合わせをする際、この件を話してみました。すると、青沼さんというその担当者から「では、あずさ号（ＪＲ中央線特急）の切符はいりませんね」と言われ、交通費を削られそうになりました。青沼さんが、私の体験を信じてくれたのか、それとも交通費の節約が目的だったのか、今でもよくわかりません。

それは東京都内の地下鉄駅構内で起こりました。簡単に言うと、目的のホームへと行こうと改札口を抜けたら、線路を挟んで反対側のホームに出てしまったのです。

私はワープ＝テレポーテーションしてしまったのです。

東京メトロの、東西線・九段下駅の改札口前のスペースに来たときでした。私は目の前の風景が、いつもと異なっているのに気付きました。わずかですが、景色が揺らいでいるように見えて、色も全体的にセピア色がかっていました。実に不思議な感覚です。後で思い出せば、このとき体重を感じていなかった気がします。

何といっても異なるのは、一つしかないはずの改札口が、切符の自販機が並んでいる場所を挟んで左右に2カ所できているのです。戸惑いましたが、「たぶん、改良工事をやったんだろう」と思い込み、私はなぜか左にある「通常はないはずの改札」を通り抜けました。そこを出ると、何と反対側のホームに出てしまったのです。

つまり、反対側のホームの改札口が、こちら側の改札口の隣に「同時に」並んでいたことになります。まるでドラえもんの「どこでもドア」が、現実にできていたとしか解釈しようがありません。翌日、再び九段下駅に検証に行きましたが、もちろんそんな改札口はありませんでした。

もちろん、こんなことは通常九段下駅で起こるわけがありません。

私にそういう超能力があるはずはないことから、誰かが外部から働きかけて、イタズラをしたのではないかと解釈しています。実はそのとおりであったことが最近わかりました。

もう一つ、意外だったのは、私がこの体験を他人に話すと、私が何の証拠も持っていないにもかかわらず、ほとんどの方が否定しなかったことです。

特にこういう話がわかる親しい友人赤坂文郎氏に話したところ、「異空間に入った体験はうらやましい、自分もしたい」と言いました。そして、異空間に入ると空間が揺らいで見えること、景色がセピアかオレンジ色になることは、赤坂氏との会話で私が思い出したことでもありました。彼の理論から見ればそのようになるということです。

ＵＦＯに乗って飛び立つときは、外部の景色がこのように変化するそうです。

地下鉄でのワープ体験後に読んだ、オスカー・マゴッチ氏が書いた『わが深宇宙探訪記』（加速学園出版部）によると、ＵＦＯで飛び立つとき彼自身が景色の色がオレンジ色になるという体験描写をしていました。

以後、私は講演のときも、参加者がどう受け取るだろうか、頭を疑われることはないだろうかということは、一切気にせず、堂々とこのテレポーテーション体験を披露しています。

以後、自分の周辺に起こることは、どんな不思議なことでも否定しないようになりました。


私は20歳のときに幽体離脱を経験しています。ちょうどバロック音楽を聴いているときでした。クンダリーニ（悟りに必要な性力）が上昇するというか、尾てい骨からスーッと花火が上がってきて頭頂まで来て、バーッと白い光が広がるのが見えました。考えてみると、自分の頭頂から出ている白い光が見えたというのも不思議なことです。次の瞬間、宇宙空間を飛んでいました。死んだのかなと思ったら、また次の瞬間、パッと戻りました。

一体全体、自分に何が起きたのか、さっぱり理解できません。すごく悩んで、自分が何をしたらいいかもリセットされてしまった状態でした。ちなみに幽体離脱的な経験は、これ一回きりです。

しかし、この時の幽体離脱の体験は、私がこのような新電磁エネルギーを探究する最初の一撃となったことも事実です。

まったく新しい、ブリリアントなエネルギーはないのか？

ＵＦＯはクリーンエネルギーで航行し、他の惑星から地球に来ていると推察されます。

私の研究所の名前もクリーンエネルギー研究所です。クリーンエネルギーという概念は一般に定着しているとおりですが、研究内容が本当に意味するところは、「ブリリアント（美しい）エネルギー研究所」です。

常識的なクリーンエネルギーというと、太陽光（ソーラー）、風力、水力、バイオマス（生物由来資源）といったものから、水素ガスを燃料とする燃料電池まで、様々なものが登場しています。

これらは確かにクリーンかもしれませんが、決して「美しい」と言えるものではありません。「空気を汚さない、二酸化炭素を出さない、だから環境に負荷を与えない」という、ある種、消極的な意味合いのものです。

私がなぜ、ここで消極的と書いたのか、おわかりでしょうか？

その理由は、それらの中に新エネルギーがないからです。これは実に重要なことなのですが、一般的にはほとんど知られていません。

ソーラーや風力は、一般的に自然エネルギーと呼ばれ、太古の昔から人間はそれらを利用してきました。

太陽光は言うまでもなく、風力においても風車や帆船を思い出すと、理解できると思います。水素と酸素の反応から発電する燃料電池も、40年以上も前に、月へと行った宇宙船アポロに使用されており、特に新しい技術ではありません。

原発事故の影響もあり、最近世間でしきりに言われているクリーンエネルギーとは、つまりは「古い技術のぶり返し」であり、仕方なく過去に戻ったという感じの、化石のような技術なのです。

私が希望してやまないのは、これらの技術の上を行く、まったく新しい、ブリリアントなエネルギーはないのかということです。

科学者のほとんどは止揚を知らないように見える

最近、あまり耳にしなくなった言葉に「止揚」という言葉があります。

私は団塊世代であり、1970年代、あの学園紛争のピーク時に学生時代を過ごしました。大学＝学園紛争と呼んでも差し支えありません。その当時、大学内では「止揚する」という言葉が飛び交っていたように思います。懐かしいと思われる世代の方も、けっこういらっしゃるかもしれませんね。

止揚というのは弁証法の一つであり、元来はドイツ語で「アウフヘーベン」と言います。簡単に訳すと「より高い位置に揚げる」と考えればよろしいでしょうか。二つの相容れない、矛盾するテーマがある場合、それらをより上にある位置から、両方を矛盾なく包み込むような新しいテーマを見つける、という状況です。抽象的でわかりにくいですね。

物理学では、新しい理論が作られるときには必ず、止揚が伴います。

既存の理論で説明できなくなった現象が発見されたとします。そこで、既存の理論に矛盾することなく、新しい現象も説明できる「新理論」を構築すること、この状況が止揚に当たります。

新しい現象だけを説明し、古い現象を説明できないとすれば、それは物理理論として何の価値もありません。

現在の科学で説明できない新しい現象を持ち出し、「だから今の科学は間違っている」という人がいますが、それは誤解です。

今の科学は間違っていません。

なぜなら、今の科学文明を動かしているのは、今の科学だからです。

何かが足らないだけです。だから重要なことは、今の科学も、新しい現象をも、一律に説明できる科学理論を構築しないといけない、ということです。

物理学の理論はこのようにして進化するわけですが、現在の科学者のほとんどは、止揚することを知らないように見えてなりません。物理法則は常にファジーなものです。その時々で変わるわけです。それを固定化・権威化していることが、諸悪の根源です。

地球上のほとんどの科学者たちは、まるで既存の科学理論に反する現象など、あってはならないと思い込んでいます。短絡的な表現をすると、知識ばかりを詰め込んで、科学思想を教えない「受験制度」による教育が原因だと言いたくもなります。

それと研究の考え方についても、今の科学界は失敗か成功かという二元論が支配しています。そもそも研究に失敗という概念はありません。すべてが進歩です。成功か失敗かという考え方が存在するのは、そこに利益が絡んでいるからです。結果に利益が絡むかどうかという話であり、サイエンスにとってはどの方向に進もうと進歩です。

不思議な女性からのあるアドバイス

すみません、NASAラングレー研究所での発表講演の話から、UFO、ワープ、テレポーテーション、さらにクリーンエネルギーへと、ずいぶん「空間ジャンプ」してしまいました。話を進めたいと思います。

東日本大震災の発生から二日後の、2011年3月13日、日曜日。

幸運にも私は、ワシントンDC行きの飛行機に搭乗することができました。震災の影響で、その時期は空港まで電車が動くかどうか、さらに飛行機が飛ぶかどうかまで、危ぶまれていました。おそらくその前日でも、あるいは翌日でもダメだったようです。

アメリカ行きの目的は、3月15日〜17日まで、メリーランド大学で開かれる「SPESIF2011」という国際フォーラムで、最新の電磁エネルギー研究の成果を発表するためでした。

現地に到着してからは、ホテルのテレビにかじりつきました。

刻一刻と様々な角度から報道される日本の大震災と、福島第一原発の大事故の様子を見ていたことは、言うまでもありません。本音を言えば、肝心の研究発表よりも日本の状況が気がかりで仕方ありませんでした。

実は電磁エネルギーの研究成果の発表時期について、私は以前、ある不思議な女性からアドバイスをいただいていました。

「世の中の混乱に乗じて発表しなさい。そうすれば邪悪な圧力をかわすことができます」

もちろん、私は故意にそうしたつもりはありません。

今回の大震災を予測し、その時期に合わせて研究成果を発表するなんて、自分の能力をはるかに超えたものです。たまたまアメリカの学会がその時期に開催されるなんてことは、私の意思でコントロールできるものではないからです。

(上)「SPESIF 2011」の会場となったホールの前での著者。メリーランド大学にて。
(下右) グレン・ロバートソン博士、SPESIF 議長と。彼は米軍の誘導ミサイルの開発、および NASA では23年間の研究開発の経歴がある。

しかし結果を見れば、その女性の助言どおりになりました。

米国の科学の中枢における研究発表

私が新エネルギーの研究発表をした「ＳＰＥＳＩＦ」と、その会場となったメリーランド州立大学について、ここでちょっと補足させていただきます。

この会議は「宇宙推進とエネルギー科学の国際フォーラム」という意味の英語の、いわば略称です。

宇宙推進と言っても、実はロケットではありません。それを超えた宇宙推進法を探ろうというものです。エネルギー科学と言っても、最近話題のソーラーや風力は除外されます。ここで求められるのは、まったく新しいコンセプトです。

会議の主催者は、米国防総省（ペンタゴン）、米国エネルギー省、ＮＡＳＡ、米空軍研究所です。もう、これでおわかりだと思いますが、この会議はアメリカ科学の最先端、つまり中枢組織と直結しています。

表面的に出てくるのはＮＡＳＡで、基調講演はＮＡＳＡのスタッフが行います。エネルギー省の人も、ボーイングの人も行いました。そんなアメリカ・サイエンスの中枢で、私は発表できたのです。

（上）SPESIF 2011の受付。
（下）未来エネルギーセッションの議長トーマス・ヴァローン博士と。彼は米国米エネルギー省（DOE）と強いパイプを持っている。

（上）メリーランド大学の「ファームハウス」前での著者。「ファームハウス」は、本大学のフロンティア精神の象徴である建物。
（下）研究発表中の著者。2011年３月16日（SPESIF2011）

メリーランド大学は、ワシントンDCの郊外にあり、大学の敷地が一つの街となるような大きなキャンパスを持っています。卒業生にはノーベル賞やフィールズ賞（数学界のノーベル賞と呼ばれる賞）の受賞者も名を連ねる、東部の名門大学です。NASAの女性宇宙飛行士も輩出しています。ちなみにこの大学は、アメリカという国家を歴史的に動かしてきたワスプ（WASP＝超保守勢力）の中心大学でもあります。

「じゃあ、なぜあなたはそのような学会で研究発表できたの？」

ここまで書くと、さすがにそんな疑問を持たれるでしょう。長年かけて仕上がったばかりの新しい電磁エネルギーに関する研究が、1年も経たないうちに、世界の科学の中枢とも言える場所で、堂々と発表できるチャンスを与えられたわけですから。

私にとって、信じがたいほど幸運なことでした。

フロンティア精神に基づいた科学者の強い好奇心

私は当研究所において、1984年以来、26年間も未知の新電磁エネルギーの追究をしてきました。

ちなみにそれ以前の、実際に研究を開始した1973年からの期間を含めると、40年近く、この研究を続けたことになります。正直言えば、実に恥ずかしい限りです。長期間やったことについては、何も誇りにはなりません。

しかしそのおかげで、ほとんど完成直前の段階の新電磁エネルギー装置の試作機を、2010年の1月中旬に製作することができました。

本装置の特許出願、それまでの論文集の編集、新しい資料の制作等を済ませた後、これまでお世話になった東京近郊の恩人、知人・友人を中心に、内輪の技術発表会を行うことになりました。

2010年の6月12日に行われた発表会には、私がこの研究を26年間も行うきっかけを与えていただいた、元日本テレビディレクターの矢追純一さん、それ以前にセイコー電子工業でお世話になった小牧昭一郎さんらもお招きしました。その他、十数名の方々に参加していただきました。

そしてその中の一人に、先述した大学時代の同級生である元NEC宇宙開発事業部の南善成君がいました。

実は私が「SPESIF2011」に渡米参加できたのは、南君の紹介によるものです。同級生とは有難いものです。

発表論文を準備する期間を考慮すると、そのタイミングも絶妙なものでした。

その後、提出した論文が受理され、発表が認可されるまでは紆余曲折が重なりますが、2011年3月16日、無事、私の筋書きどおりの内容で口頭発表でき、NASAを中心とするアメリカ科学の中枢部に対して、最新情報を送り込むことができたわけです。

初日から、私は幹部メンバーから歓迎されていましたが、特に二日目の懇親会の後、会の議長やエネルギーセッションの座長らに別室に呼ばれ、私の発表論文について、長時間にわたり細かい質問を受けました。こういう状況も異例だそうですが、これで学会幹部が私の研究論文に、いかに関心を示していたかが想像できました。

その姿勢から、フロンティア精神に基づいたアメリカの科学者たちの、科学に対する強い好奇心が、建国当初から変わらず、脈々と息づいていることがわかります。

メッセージを送ってくるX君《カイ》、突然の訪問者Mさん

ではここで、この新エネルギー装置ができ上がるまでに起きた不思議な出来事について、お話ししたいと思います。

それは2007年3月3日のことでした。

私は休日に、自宅に近い「小町」という喫茶店で食事をすることが習慣となっていました。

そしてひな祭りのその日、店内である人物と面識ができました。

以後、彼は私の研究に関して、時々メッセージを送ってくるようになりました。それは、研究の方向性を示唆するような、実に巧妙な内容のものでした。友達感覚でものを言うムードであり、偉い人が上から強制するような態度は微塵《みじん》もありません。

仮に彼のことをX君《カイ》と呼びましょう。

彼の最初のメッセージは次のとおりでした。

「危機がせまっている。早く研究をやりなさい」

おわかりかと思いますが、この言葉の真の意味がわかったのは、ちょうど4年後の今年の3月でした。

ちなみにX君《カイ》は、予言者とか霊能者といった類の人ではありません。

それから2年半後の2009年11月ごろのことでした。

NASAラングレー研究所で講演した翌年（2000年）から開始して、すでに10年も続けてきたインバータの研究が、ほとんど行き詰まっていました。

どうしても効率を100%以上にすることができません。100%以上でないと、本物のクリーンエネルギー装置を作ることはできないのです。

その前月の10月、X君《カイ》から謎めいたメッセージが来ました。

「臨界点に達していて3次元では限界がある、別のものが加わる必要がある」

少し経って、また彼が言ってきました。

「爆弾のようなアイデアを持ってくる人がいる、その人は黒い箱を持っているよ」

そして2009年11月。

突然、研究所のドアがノックされました。誰だろうと思い、ゆっくりドアを開けると、まったく見知らぬ男性が立っていました。

彼は私の知り合いの名刺を持っており、その方の紹介で来たと言います。名古屋からわざわざ私を訪ねてきたそうで、もし私が不在なら、そのまま帰るつもりだったそうです。

彼が見せた名刺の方は信用できる方でしたので、私は彼を招き入れました。仮に彼のことをMさんと呼びます。

Mさんはテスラコイルを使った実験をやり、とんでもない結果を引き起こしてしまったそうです。「とんでもない」というのは、何か危険なエネルギーと空間の暴走状態が起こったということでした。

青緑色のグロー放電が発生し、機械が制御不能に陥り、急遽バールを投げつけ、ぶっ壊してやっと制止できたという話です。

この詳細はMさんとの約束によって書けませんが、その話を聞いた途端、私は体に稲妻が走り、目が覚めたような感覚になりました。

米海軍が1943年に行った「フィラデルフィア実験」について、ご存じの方も多いと思います。米軍は駆逐艦を透明化する実験を行ったと言われています。正式名称は「レインボー・プロジェクト」と呼ばれます。

これはステルス機のように、レーダーの電波を反射しない方法ではなく、強力な磁場で光を曲げ、本当に透明化させようとする試みでした。このときに使われた駆逐艦がエルドリッジ号です。艦内ではテスラコイルらしきものも使われたようです。

その結果は、青緑色の霧が発生して、何か制御不能の空間の暴走状態が生じ、エルドリッジ号は不可視状態になったのではなく、本当に消滅してしまったのです。

驚くべきことに、エルドリッジ号はフィラデルフィア港からテレポーテーションして、1600マイル（2560km）離れたノーフォーク港に現れました。

悲劇はそこから始まりました。乗員は全員、とんでもなく悲惨な状態に巻き込まれていました。体の一部が船の壁や床に融合してしまった乗員も少なくありません。通常は、とても想像できません。

精神に異常をきたした乗員も少なからずいたようです。映画『フィラデルフィア・エクスペリメント』という映画をご覧になった方は、よくおわかりでしょう。

要するに、空間が異常を来した状態です。

Mさんの話を聞くと、どうもフィラデルフィア実験の、スケールの小さな状態が起こったのだと理解できました。

一般の人がいきなりこのような話を聞いても、絶対に信じられないでしょう。

ところが私は、自分の意志ではありませんが、数年前に偶然テレポーテーションをした経験があります。その経験後、どんな不可思議な話でも、その可能性を否定できなくなりました。

天才的な独創性は「異界」からのメッセージ

私が最も感心させられたのは、彼の実験方法でした。

Mさんは、ただのテスラコイルの実験ではない、我々にはまったく想像できない意外な方法をやっていました。私はその奇想天外な発想に驚きを隠せませんでした。

別の表現をすれば、「なぜこんなナンセンスなことを思いついたのだろう」ということです。それほど、Mさんの方法は原始的で面白いやり方でした。

世の中には、常人が想像できないことを、忽然と思いつく天才が、ごくたまに出現します。これは何も科学技術の世界だけではなく、芸術など様々な分野でも同じでしょう。天才的な独創性は理屈から生じるものではないので、常人はなぜそんな発想を得られるのか理解できません。それらは地球上の知識情報から発するものではないのです。

それは「異界からのメッセージ」なのです。

ちなみに、地球上の知識と理屈の延長から生まれるものには、人を魅了するような強烈なオーラはありません。

なぜなら、そういうものは誰でもある程度予想でき、たどり着けるものであるからです。具体的には、現在研究されている新エネルギーと称するもの（ソーラー、風力など）は、すべてこの部類です。

科学技術の世界においては、意外な発想を思いつくまでの人はたくさんいますが、実際にそれを実行に移すところまでやる人は、本当にまれです。だから、わざわざ私を訪ねてきたMさんは、その類の人だと言えます。

ところが意外なことに、Mさんは科学者でも技術者でもなく、ある会社の経営者でした。テスラコイルも自分で作ることができない、とのことでした。実験装置は他の技術者に作らせていたそうですが、彼らは現在、行方不明になっているとMさんは話します。

ますます謎めいてきました。

Mさんの目的は、テスラコイルを使って新エネルギーを取り出そうというものでした。

つまり目的はまったく私と同じなのですが、その方法が異なるのです。そのためか、テスラコイルについては文献をよく調べておられたようです。ここまでならば、このような未知の新エネルギーを研究している科学者によくあるタイプでしょう。

ところが、それ以後の発想は、私にとっては奇想天外でした。再び同じ実験にチャレンジしようと、テスラコイルを製作できる人を探していたらしいのです。

探しているうちに、たまたまどこかで私のことを知ったということでした。

「テスラコイルなら、もちろん私は作れますよ」

私は堂々とMさんに伝えましたが、実際のところ、内心ではとてもそんな時間はないよというのが本音でした。

「実は、あなたがここに来られることは、少し前にある人から聞いていました。あなたは黒い鞄を持っているでしょう」

思わず、私は口に出してしまいました。

X君《カイ》のメッセージと、彼が言った黒い箱のことを思い出したからです。Mさんは驚いた表情で、自分が持ってきた鞄を見つめていました。

Mさんこそ、X君《カイ》が私に言った「爆弾のようなアイデアを持ってくる人」だと直感した私は、Mさんとこの実験については内緒にしよう、と約束しました。Mさんは私に強烈な印象を残して帰っていかれました。

その後、なぜか彼からの連絡はまったくありません。

長年、自分を縛っていたワナに気づいた

Mさんの行ったテスラコイルの実験が、そのまま、私の直接的な方法になったわけではありません。

しかし、その当時あまりにも固まりすぎていた私の思考回路を、見事に打破したことは間違いありません。素晴らしいヒントというものは、直接的ではなく、常にこんなものでしょう。

Mさんの来訪は、私がそのときまで26年間、まったく同じ方法を踏襲していたことに気づかせてくれました。クリーンエネルギー研究所を設立する前を含めると、さらに10年以上も同じ方法を通してきたわけです。

なぜなら、その方法がきっかけで1980年ごろ、あるモーターの試作機の実験中、偶然にも新エネルギーの源となる「未知の起電力」らしき現象を発見したからです。

その後、クリーンエネルギー研究所において、それを再現させることに成功し、1995年にはアメリカ物理学会誌『応用物理学ジャーナル』に論文を掲載しました。さらに研究を進め、未知の起電力に関する詳細な法則を発見しました。それに関する二つ目の論文を仕上げた私は、1999年12月、NASAラングレー研究所主催による国際会議の場で、その発表をしました。

この段階まで私は、研究開始当初から、常にある共通した方法を踏襲していたことになります。そしてその方法によれば、ここまでは、私にとって大成功でした。なぜなら、このような未知エネルギーの研究者の中で、世界的に権威のある学会誌に2本の論文を掲載できた人がいないからです。

さらに重要なことですが、これら2本の論文は、次の研究の土台となりました。

2000年になってから、私は研究対象を大きく転換しました。

それまで続けてきたエーテルエンジン、つまりモーターの研究から、インバータへと切り替えたのです。これは、モーターのように機械的な可動部分、すなわち回転部分がある装置から、可動部分がない装置であるインバータに切り替えたという意味です。

簡単に言えば、効率を上げるために機械的なロスをゼロにする、というのが目的です。ちなみにこの方針転換は、理屈から予測できるものであり、かなり前から予定していたことでした。だから発想の飛躍とは言えません。

しかし、エーテルエンジンで発見した最も基本的な方法は同じです。

つまり「土台」は変わっていないのです。両者に共通すること、それが未知の電磁エネルギーを誘起させる方法です。私はまったく異なる研究をやり始めたわけではありませんでした。

ところが、その方法によるインバータの研究を10年間も続けた結果、限界が見えてきました。

それまで成功ばかり続けてきた研究当初からの方法を、今さら変えるなんて、なかなかできることではありません。

これは人間の性《サガ》でしょう。ある種、脳がワナにかかった状態です。

ほとんどの人間は、何らかの固定化された思考法にとらわれています。人間社会に生活する限り、これは仕方ありません。ある国の社会人になるには、その社会独自の洗脳が必要なのです。

もし、まったくそうではない人がいるとすれば、その人はこの世のあらゆる思想から束縛されない、本当の精神的自由人であり、この世の奴隷ではない人です。

物理学の法則においても、絶対の真実なんてものは「絶対」ありません。

特定の時空のみで通用するものが、まるで唯一の真実であるかのように見えるだけです。エネルギー保存則なんてものもしかりです。

Mさんのおかげで、私は自分を縛っていたワナに気づくことができました。

X君《カイ》の予告と再現性を確保した異常現象

さて、そのMさんが私の研究所を訪ねてくる前のこと。

私はスポンサーである会社から、研究援助は来年（2010年）3月まで、という期限を宣告されていました。正直のところ、これも「当然のことだな」と思っていました。

1984年以来、期限をまったく設定されることなく、私はマイペースで研究を続けてきたわけです。海のものとも、山のものとも知れない研究を26年間も継続させていただいたことは、奇蹟と言えばそのとおりでしょう。

期限を切られた私にまったく動揺がなかったかと言えば、嘘になります。

しかし、なぜだか不思議なのですが、あまり動揺しませんでした。慌てて結果を出そうという気持ちもなく、相変わらずのマイペースで、その日その日に思いつく実験を進めていました。

もちろん、まったく何もしない日もたくさんありました。

好きなバロックの音楽会があれば行くこともありました。

なぜ、私がマイペースだったか？

それは、そのころX《カイ》君からあるメッセージを受けていたからです。

「大丈夫、研究は続けられる」

しかしそう言われても、本当かなと疑うのは当然です。

さらに12月も後半に入ると、彼は次のようなメッセージを送ってきました。

「現象は12月中には捉えられる、大丈夫」

「来年1月の中旬から下旬に完成する」

研究の見通しなんて、まったくありません。もし彼の言うことが本当なら、私はあと十数日以内にそのきっかけをつかむことになります。

つまりX君《カイ》の言うことは、そのときの私の研究状況からは、常識的にはとても信じられるものではありません。

そうこうしているうちに、あっという間にクリスマスになりました。私はクリスチャンではありませんが、英語のクリスマス・キャロルが好きなので、毎年イブになると表参道にあるユニオンチャーチへ行き、礼拝に参加していました。その年も例年同様、キャロルを歌いに行きました。

クリスマス前から、私はちょっとやけくそ気味の実験をやっていました。トランスにいきなり大きな電流を入力し、その立ち上がり波形を観測していました。すると、意外な現象が発生しているらしいことがわかりました。

測定器のセンサーを破壊しましたが、おかげで12月29日、異常な現象に再現性があることを確信できました。そして二日後の大みそかには、ほぼ100%以上のエネルギー効率が得られる方法を思いついたのです。

これでX君《カイ》の予告の一つは当たりました。

新年を迎えるころ、私は友人の前座敬氏に、次の実験に必要な電気回路の改造を依頼しました。ほぼ成功を確信した気分になり、少し気の緩みが出たのでしょうか。

〈ちょっと松山へ帰省して、道後温泉にでも入ってノンビリしよう〉

そう気を緩めようとした矢先、X君《カイ》からメッセージが届きました。

「そこまでできたんだから、帰らないでぶっちぎりでやれ！」

きついこと言うなあと思いましたが、私は彼の言うとおりにすることにしました。それまでの経験から、彼の言うことが次々と実現していったからです。


そして1月5日。前座氏に依頼した電気回路の改造が仕上がり、早速実験をすると、エネルギー効率が120〜140％得られました。

つまり、試作したインバータに100ワットの直流電気を入力すると、120〜140ワットの交流電気が出力されるのです。

その測定は、40年近く新エネルギーの研究を続けてきた私にとっての夢でした。長年、見続けてきたその夢が、たった1週間程度の新しい実験によって実現したのです。

〈これまでの実験は、いったい何だったんだ？〉

そのときの正直な気持ちでした。

さらに私が気になったのは、その「再現性」でした。

再現性というのは、何度同じ実験をしても同じ結果になるかどうかということです。科学実験において、最も重要視される点です。

科学実験では、あるときは起きるけれど、次に同じことをやっても同じ結果にならない現象がよくあります。2000年から開始したインバータの研究中、私は2度、再現性のない現象に遭遇しました。一度、あるいは数日間にわたって生じた現象が、あるとき、ぷっつりと起きなくなるのです。

そんなとき、思わず「なぜだ！」と叫びます。しかし答えてくれる人は誰もいません。そんな孤独な日々の繰り返しでした。

幸いにも、新しいインバータは再現性を保持できました。それを確かめるため、毎日研究所に来て装置のスイッチを入れました。

そしてまた、X《カイ》君からメッセージがやってきました。

「底が見えるまで突き進め」

突然インバータ効率が300%近くまで上昇

2009年のクリスマスから2010年2月の終わりまで、私は研究所に来ない日はありませんでした。

それは1月16日のこと。

実験中、誤ってかどうか、偶然、波形コントロール用のつまみを大きく逆転させるという操作ミスをやってしまいました。しかしこれが、好運へとつながりました。

その結果、驚くべきことが起きたからです。

インバータの出力波形が、急に大きく増大したのです。エネルギー効率を示す数値を見ると、140%から何と270%にまで、急上昇していました。

一瞬、何が起きたのか理解できませんでした。

もう一度、調整つまみを元に戻してやり直すと、また同じことが起こるのを確認できました。しかし、そのときは理由がわかりません。

突然、効率が倍近く跳ね上がったこの事件が起きた日は、新電磁エネルギーを応用したインバータが、ほぼ現在のレベルまでに到達した日でした。

X《カイ》君が言った「底が見えるまで」とは、このことだったのだと思います。

私はこの現象を「雪崩現象」と名付けました。

その仮説となる理論も仕上がり、技術特許も出願しました。これが冒頭で述べた、3月16日の米国における「SPESIF2011」での論文発表へとつながり、論文の重要なポイントになっています。

そして同時に、この現象は「1月の中旬から下旬に完成する」という、X《カイ》君の最後の予告が当たったことになります。

つまり、40年間の私の研究は、すべて2009年の年末から2010年の正月までの2週間に凝縮されてしまったのです。

そのころのX君《カイ》のメッセージです。

「過去・現在・未来は一点にあることがわかっただろう」


私の新電磁エネルギー（未知の起電力）を応用したインバータの研究は、最後の段階において、予告と奇蹟の重なりで進んだという感じです。

現在、新エネルギーで駆動されるインバータの効率は400％近くとなっています。

つまり、入力の4倍近いパワーが出力されます。

これが何を意味するかと言うと、永久発電器が作れるということです。

出力されるエネルギーの一部を、入力側に戻せばそれが可能です。あらゆるエネルギー資源から解放された「永久発電装置」ができるわけです。エネルギー保存則のような、地球物理限定の宗教に縛られ続けることもありません。

そのとき、私たちは地球資源である化石燃料、原子力のウランから解放されます。また、その代替用と呼ばれる太陽光や風力のような、不安定で制御が難しい自然エネルギーに頼ることもありません。

さらにこの電磁エネルギーを追究していくと、新しい宇宙推進の原理に到達できるでしょう。膨大な化石燃料を浪費する現在のロケットやジェットエンジンとはまったく異なる、ある種の

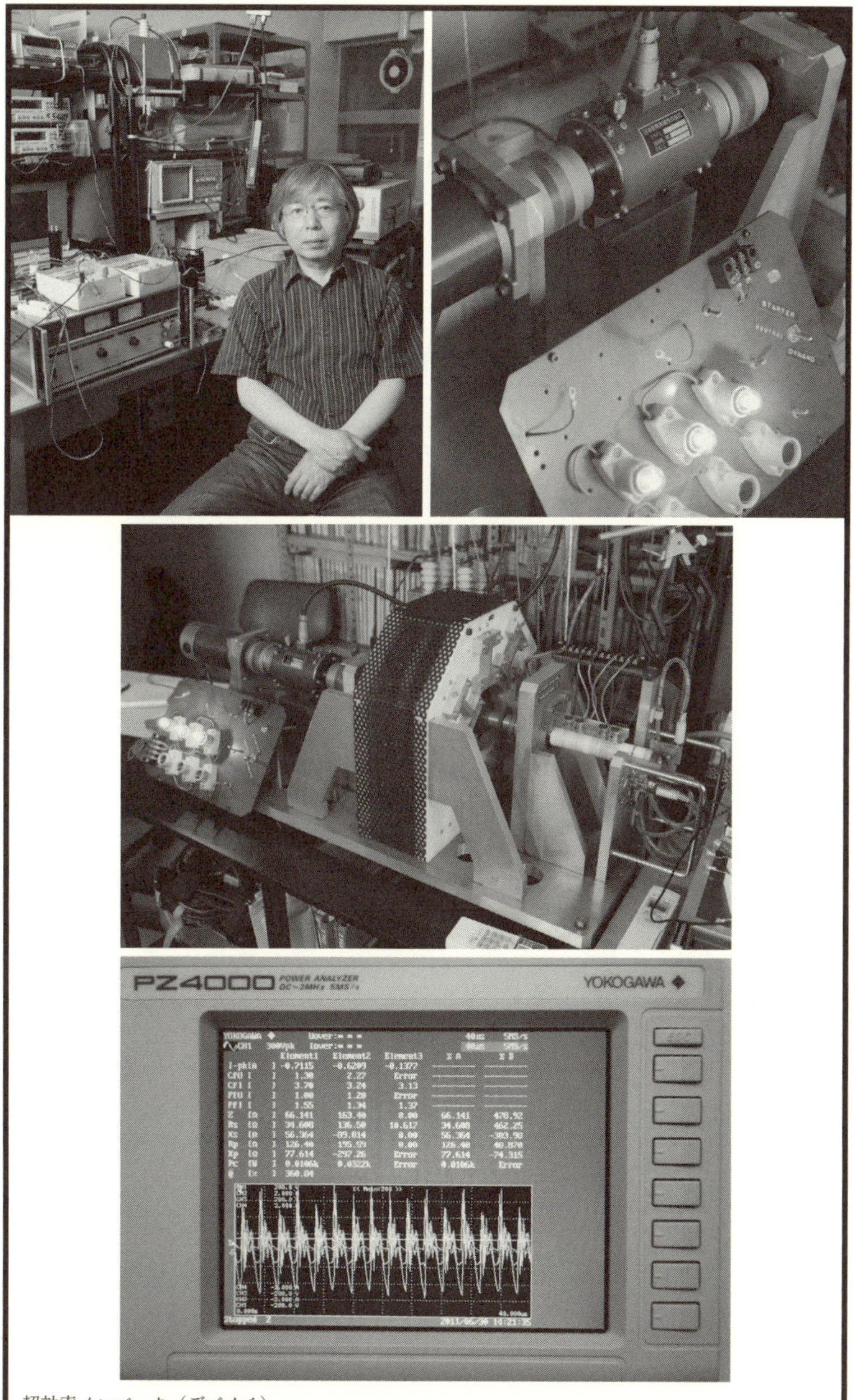

超効率インバータ（デゴイチ）

(上右) エーテルエンジン３号機
(下) 超効率インバータ（デゴイチ）

磁場による宇宙航法です。

もうおわかりですね。それこそがUFOです。

原子力は人間が制御できるものじゃない

今回の東日本大震災に伴い、福島第一原発が大変なことになっています。

以前から反原発の立場だった私自身の見解は、もうこれ以上、日本と世界で原発を推進すべきではないという警告（メッセージ）だと考えています。


原子力というのは根本的に人間が制御できるものじゃありません。とにかく出る廃棄物が汚なすぎるし、処置なしです。ある意味、火のエネルギーの究極です。

現在の原子力産業は、世界中に網の目のように張られたシンジケートに乗って動かされていますが、あと何十年か経ったら必ず消えます。逆に消えないと、地球がもたないということになります。

アレバという企業名が各メディアで露出し、読者の皆さんもある程度の知識をお持ちだと思いますが、フランスは原子力発電の大国で、世界の先端を走っていますが、あれでもし本国で大地震が起きると大変なことになります。総電力の75％前後を原発で賄っているわけですから。

地震がないから国内でも輸出でも、積極推進できるわけです。そしてまた核廃棄物は、ロシアと契約して、シベリアの原野へせっせと運んでます。そして野ざらしにされてます。汚いものは自国内には置かないのです。だから、フランスは原発を続けられるわけです。

ロシアは引き続き推進するというか、すぐにはやめないような雰囲気ですね。福島原発の件ですぐにやめたのは、ドイツとスイスとイタリア。迷っている国がけっこう多いと思いますが、日本は東芝や日立が、ベトナムやラトビアといった国々に売ろうとしています。

彼らはできれば、この商売を続けようと思っているわけですよ。

モルガンが作った原子力企業ウェスティングハウスはかつて東芝が約6370億円で買収しました。そのニュースを知った瞬間、アメリカは原発を諦めたなと思いました。実際、アメリカはスリーマイル島の事故以来原発を増やしていないはずです。

最近、私も放射能測定器を買い、ちょこちょこ試していますが、私の部屋のレベルと九州あたりのレベルと、それほど変わりません。日本はどこへ行っても同じレベルになってしまった感じです。本来は、この4分の1くらいだったのではないでしょうか？

風による影響は大きいと思います。今、日本はどこへ行っても微弱汚染状態です。

原発に対する私の意見は、反原発の学者と同じ立場です。本当のことを言う人は、みんな途中でスポイルされます。まじめに「はいはい」と言うことを聞いていると、原子力系の企業からお金が下ります。日本の科学界というのは、そういう腐敗体質を今日までずっと続けてきています。

ソーラーにも寿命があり、発電効率は徐々に落ちていく

その原子力を除外した様々なエネルギーの話があちこちで出ていますが、本書でもこれまで述べたように、ソーラーも風力も水力も全部、旧エネルギーです。

結局、それらが何に使われようとしているのかと言えば、ニュービジネスです。それら旧エネルギーをいかにも新しく見せることによって、産業とマーケットを作り出し、経済活性化を図ろうとする意図に過ぎません。

ではお金を回すことによって、どこが儲かるか？　銀行が儲かるだけの話です。エネルギーとしての新しいコンセプトはありません。ただしソーラーの場合、技術的な意味で、多少新しいものはあります。しかしそれだけのこと。それ以上は意味がありません。

もう一つ、ソーラーはコスト面で、おそらくほかのエネルギー、火力なんかと比べて回収できない可能性が高いと思います。

今、ＣＭやらその他の宣伝広告で、原子力がダメになりそうだからとソーラーの広告を一斉に打ち始めていますが、もし日本がソーラー主体でやれば、世界トップクラスのバカ高い電気

料金がさらにバカ高い電気料金になるだけの話です。一般大衆はじきに、何だ、回収できないじゃないかと気がつくでしょう。当たり前です。

儲かるのは、大衆や自治体を扇動して仕掛けた商人だけです。原子力をやるより高い金がかかるけど、確かに安全性を考えるとそのほうがいいかもしれません。自然エネルギーは、そこにこそ大義名分があります。

発電効率という面では、今のソーラーでは一番大きくて20%です。これが数倍になったら、本当の意味で簡単に回収できると思います。

一般の方々は、あれを付けたら永久に発電するものだと思っていますが、ソーラーパネルにもちゃんと寿命があります。発電効率は徐々に落ちていきます。それこそたとえは悪いですが、放射能の半減期と同じです。

現在のレベルの効率は10年も続きません。逆に言えば、10年以内で使ったエネルギーコストを回収しないと無理です。20年、同じ効率が続くと仮定すれば、かろうじて回収できると思いますが……10年って意外と短いと思います。

科学を専門にしている人間には常識ですが、一般の方々は正しい知識をほとんど受け取らないうちに、余ったら電力会社に売電できるとか、そういう変な売り文句に右往左往している状態じゃないでしょうか。あれを全家庭に普及させたらどうなるかと言えば、毎月の電気料金が倍になるだけの話です。

なぜなら、倍で買い取っていますから。東電など電力会社は、私たちに売る電力の倍で買い取ります。仕組みそのものが滅茶苦茶です。まあ倍にはならないまでも、その中間料金では確実に電気代が増えます。

だから批判を恐れずに正直なことを言えば、自然エネルギーも原子力も、何の価値もないのだと断言できます。すべてはビジネスです。コンセプト面でも、新しいものが何もありません。

入力と出力をキチンと計測している研究者はいない

私が長年研究してきたのは、フリーエネルギーそのものです。ちなみに私はこの言葉があまり好きではありません。ちょっと軽い感じがするからですが、しかしこれ以上の適当な言葉がないこともあり、表現方法として使用しています。

そのフリーエネルギーについて、国内外で様々な研究者が日夜取り組んでいると思いますが、「入力と出力」を具体的に数値化している人はほとんどいないと思います。

単にランプがついたとか、動いたとか、残念ながらたったそれだけで、みんながハーッとなって出資しているのが現状です。私に言わせれば、それはペテンの範疇《はんちゅう》です。動いただの光っただの、そんなレベルで判断すること自体、根本的に間違いです。いくらのエネルギーが入り、そこからいくら出ているのかということを、計測器でビシッと出さないといけません。

私の研究所にあるデゴイチは、コンスタントに360~370%が計測できます。入力1に対して、その3・6倍、3・7倍のエネルギー出力を計測、要するに3・6~3・7倍のエネルギーを作ることができます。


さっきの原子力の話ですが、原子炉から出たものを単なる熱エネルギーとして捉えるとすれば、熱を二重に回すことから、発電効率は火力発電よりも落ちます。原子炉から出た熱水で、もう一回蒸気を作るわけです。火力より明らかに落ちます。原子力というのは一種の火力発電ですが、二重のループを作っている意味においては、明らかに効率が落ちます。

それよりも、原子炉は一定の出力レベルで運転しないと危険性が高い代物です。

コントロールしようとすると、チェルノブイリみたいに暴走します。常に一定レベルで燃やし続けないといけないから、夜間電力で電力使用量がグーッと減ったら、日本の場合はその分、揚水ダムにポンプで水を揚げたりします。

電力会社は、夜間電力を使え、湯を沸かせとやっているわけです。オール電化なんて、全部原発に合わせた戦略です。夜、グーッと電力需要が下がったら、その分はコントロールできないから夜間電気温水器などで使えというわけです。さらに熱効率も悪いので余った熱をどんどん海に逃がします。

だから原発は海のそばにあるというわけです。アメリカでもそうですが、内陸の場合は必ず川のそばにあります。川に余った分を流しています。しかしこれは原発だろうと火力発電所だろうと、どんな発電所も60%は川か海に逃がします。

充電が一切必要ないスマートフォンが誕生する

たまに、一番効率のいい発電方法は何ですかと聞かれます。現時点では水力です。実際は90%以上の効率があると思います。いわゆる「位置エネルギー（物体がある位置にあることで蓄えられるエネルギー、ポテンシャル・エネルギー）」という視点で考えると、それを電気に変換したときに一番効率よく出るのが、水力です。

しかしながら、私が試作した超効率インバータ「デゴイチ」はその4倍のエネルギーを出力します。エネルギー保存則を完璧に破りました。真っ向から反しています。たとえば出ている300のエネルギーのうち、100を元に戻せば、一切エネルギーがいらないということになります。

最初の起電力は多少必要です。スタートするときはバッテリーめいたものが中にあればいいと考えています。あとは永久に動き続け、発電し続けます。仮に家庭用バージョンができたとすると、ガソリンも電気もガスもいらない発電機が誕生します。

車に搭載すれば、それはもはや電気自動車でもありません。現在、次世代自動車と呼ばれるものは蓄電して走っていますが、蓄電そのものが必要ないわけです。研究所にあるデゴイチはまだ大きなマシンですが、将来的にスマートフォン程度までダウンサイジングすることが可能です。

私の次の課題は「出したエネルギーを入力に戻す方法」を考えることです。現在は、入ったエネルギーに対して出るエネルギーが3倍とか4倍になっているわけですが、今度は出力したその三倍のエネルギーから電源エネルギーと同じものを作り、入力側に戻さないといけません。

それらを達成したときに初めて、世の中で永久に使えるエネルギーが誕生します。現在は発電効率が非常識に大きくなるというだけで、さほど面白くありません。

新エネルギーなんだから東京電力をはじめ、日本の電力会社に話をすればいいという意見も、かつてたくさんもらいましたが、彼らはまったくわからないでしょう。信じたくないというのが本音でしょう。

今回の福島第一原発の大事故で、あらゆるマスコミが暴露したことから、皆さんもよくご存じだと思いますが、たとえば東電の上層部に新しい科学理論や新技術が通用すると思ったら大間違いです。

彼らにはそんなもの、まったく関係ないのです。彼らが必要なのは利権、権威、それに競争原理のない市場性です。

今の発電所は180年間、同じ原理で運営されてきました。

発電機の構造がまったく変わっていません。当時の原理をそのまま、現在も使っています。科学はどんなものでも、すべて進歩しているなんて大間違いです。発電機の原理は180年間、同じ仕組みなのです。

その原理は、マイケル・ファラデーが1831年に見つけた電磁誘導の法則です。その原理がそのまま今でも、原発から自転車のランプの発電機に至るまで、すべて同じなのです。

これは発電機を回すことによって電気を起こすという原理ですが、デゴイチは回しませんし、熱が出ません。さらに注目してほしいのは、ファラデーが見つけられなかった別の電磁誘導があることを見つけたという点です。

小さいものから大きなものまで、自由自在に応用できる点はファラデーの法則と同じであり、それどころか何千倍、何万倍にも応用できます。

今、携帯端末がどんどんスマートフォン化しており、多機能になった分、消費電力をかなり食うようになっています。性能が上がった分、効率が逆に落ちているのです。

第3起電力を使えば、携帯端末のリチウム電池パックが必要なくなるだけではなく、充電そのものがいらない製品ができるはずです。

私が目指しているのは、原子力も石油もガスも石炭もいらない発電機であり、そんなブリリアントな世界です。

おわりに

ちょうど、二十歳《はたち》を過ぎたころでしょう。美しいバロック音楽の世界を通して啓発され、夢を見たアルカディア（理想郷）を想い描いていました。そのアルカディアを実現すべく、志したのが、ここに書かれた未知の電磁エネルギーの研究でした。

それから40年が過ぎてしまいました。年配者が言うセリフになりますが、40年なんて早いものですね。そして私も、もはやその仲間入りをしてしまったわけです。

もしその世界が実現していたならば、私は今、漫画家の松本零士氏の描いた、アルカディア号のキャプテンハーロックやクイーン・エメラルダスのごとく、ＵＦＯの技術を使った宇宙船に乗って、無数の星が浮かぶ宇宙を放浪しているはずでした。ところが今、周りの世界を見渡しても、そのころ私が夢見たアルカディアは、そのかけらすら見あたりません。

それどころか、思いたくもないほど忌まわしいことですが、今年の福島の原発事故を見れば、40年前よりもさらに一層汚い世界になってしまいました。この現実を前にしても「科学技術は常に進歩している。だから原発も大丈夫だ」などとうそぶく、偽善科学者たちが多いことには、唖然とします。

ただ一つ漸進したのは、コンピューターでしょう。しかし肝心なことは、それでもって我々が本当に心が豊かになったかどうかでしょう。

コンピューターの必要以上の技術進歩によって、人間の心が奴隷化され、本来の思考力、発想力が明らかに落ちています。さらにそれに必要な、感性力もそうでしょう。CGで作った味気ない映画、CDやもっと悪い音のMP3によるデジタル音で音楽を聴いていれば、感性が鈍くなるのは当然のことです。こんなものを作って「ビデオやオーディオの技術は進歩している」なんて言ってるわけです。

またそのことに気づかないで、コンピューターを上から操る人間の奴隷となっている人が、なんと多いことでしょう。奴隷は、自分が奴隷であることがわかりません。

私は、今世紀になってから研究室からコンピューターを排除しました。理由の一つはそれです。

「そんなことで研究やれるのか？」とよく聞かれましたが、少なくとも私の研究にとっては、邪魔でこそあれ有用なものではありませんでした。なぜなら私の研究にとって重要なのは、ただ一つ「独創」つまり「新しい発想」のみです。それに対しコンピューターから出てくるのは、当たり前の情報のみであり、そんなものは私にとってはゴミ以外の何物でもありません。

仮に、その情報の中に役立つものがあったとしても、もしそれを使ったら、それは真似以外の何物でもないということです。オリジナル発想とは、周辺の雑情報がまったくないところから生じるものです。

再度申しますが「科学は進歩している」とは、とんでもない偽りです。そういうふうにマスコミを煽《あお》って、利潤を追求しようとしている組織が作った幻想に過ぎません。現実に、私がアルカディアに想いを馳せたところよりも、むしろ退化したり、まったく進歩してないものがほとんどでしょう。

本文中にも紹介しましたが、現在の発電方法は、１８３１年のマイケル・ファラデーによる電磁誘導の発見以来、実に１８０年間まったく進歩してないわけです。ところが１９９５年、私が米国物理学会で発表した「第3起電力」は、それを破ったというよりも、超えたといえるでしょう。

昨年（２０１０年）1月、試作に成功した「超効率インバータ（デゴイチ）」は、「第3起電力」という新しい電磁誘導を応用した装置です。

従来のファラデーの電磁誘導を応用した発電方法は、水力、風力、火力、原子力等のエネルギー資源を必要とします。これに対し「第3起電力」を応用すれば、天然のエネルギー資源をまったく必要としない発電が可能です。もし実現すれば、真のエネルギーと発電方法の革命になります。それは本当に……もうすぐでしょう。

そのとき、ようやく40年前夢見た、アルカディアの入り口に立てることになります。

最後に、もう一つお伝えしたいことがあります。それはやはり、本文中にも紹介しました、アメリカの「フロンティアスピリット」つまり開拓者精神です。この言葉については、どなたでも学校の社会科で教えられて、記憶の片隅に持っておられるでしょう。

今年の米国における研究発表は、その核心を、自ら体験することができました。

それはメイフラワー号の当時から、アメリカの一部において、絶えることなく続いている意識であることも理解できました。その意識の中枢が、学会が開催されたメリーランド大学でした。

今回の研究発表に至るまでには、査読者による論文審査を通らなければなりません。昨年（2010年）9月ごろから、私の論文審査が開始されました。学会の査読者から、いろいろと論文内容についての質問が来るわけです。

私は、要約文の段階までは論文の本音、すなわちインバータに100％以上の効率が測定されていることを書いていませんでした。なぜなら学会の査読者が、どう反応するか未知数であったからです。

またそれは、論文を通すための策略でもあったわけです。これまでの2本の主要論文は、その方法で通しました。しかし重要なポイントは、逃していませんし、私の本音に気づく人も、もちろんいたこともわかっています。

今回は逆に、査読者が効率のことを聞いてきました。もう逃げられないわけです。そこで私は、「100％を超える効率のデータが出ているが、こういう内容を発表しても大丈夫か」と逆に問い合わせました。

もしこんなことを、日本の学会に出そうものなら、著名な学会ならそれ以上の反応は来ません。すなわち論文は「即ボツ」になります。要するに、エネルギー保存則に触れようものなら、日本の学会は「問答無用」なのです。

ところがアメリカの場合、日本と真反対で、それからが「問答開始」になります。面白いでしょう。

その後の問答の詳細については、とても述べられません。やり取りしたメールのコピーの厚さは、約1センチになりました。

結果、約3カ月後ですが、ドラフトペーパー（要約論文）の段階で、私の論文は受理されました。ということは、「本論文において、あなたは何を書かれてもいいですよ」と言われたようなものです。

つまり研究の筋さえ通ってれば、アメリカの科学者は、たとえ科学界のタブーともいえるエネルギーの保存則を破っていても、ゴーサインを出すのです。これがフロンティア精神ですね。

そして日本の学会や科学者に、決定的に欠けているものです。私は本エネルギーの研究で、すでに3本の主要論文を書きましたが、すべて米国で発表しました。それは以上の理由によるものです。

独創を評価できる土壌があるという点において、アメリカと日本では雲泥の差があるわけです。

これに対し、日本の科学界は「ピラミッド精神」といえます。頂上に目のような不動の権威が居座り、それ以下は、すべて目によって支配されている状態です。その権威の中枢は、おそらく有名大学出身の長老によって占められているはずです。そして既存のピラミッドを努力と忠誠によって這い上がる者のみが認められます。

この体制の特徴は、変化や進歩を望まない村社会です。従って、規格外の突飛な存在である独創が組み込まれる余地はまったくありません。つまり蟻や蜂のような江戸時代の封建社会とまったく変わりません。

科学の進歩を邪魔するのは、このような儒教精神を基盤とする、権威主義です。科学が進歩するときは、必ずこのような既存の権威の破壊が伴います。

日本は、1867年に明治維新という改革を行ったと学校で教えられます。しかしそれは、政治の形の上だけであって、日本人の心の構造は、まだ江戸時代のままであり続けています。つまり「ピラミッド精神」から作られる権威主義です。

私は、本当に人間の意識や心を変える力を持ってるのは、政治や思想ではなく、科学の変革だけであると思っています。

本書は、ここ10年間に、共著及び雑誌に掲載された著者の記事を基に、さらに新しい情報を加えて構成しました。

執筆と出版に際しては、(株)ヒカルランドの石井健資社長、出版プロデューサーの瀬知洋司氏、および「ザ・フナイ」の高岡良子編集長のご協力によって仕上げることができましたことを深謝いたします。なお本稿の校正におきましては、一ノ瀬穂波さんにご協力して頂きましたことを深謝いたします。

また出版を薦めていただき、前著に続き推薦文を書いていただいた(株)船井本社の船井幸雄会長には、格別の御礼を申し上げます。

2011年9月11日

[巻末資料篇]

正の起電力と過渡現象の重畳《ちょうじょう》作用により駆動された超効率インバータ

A Hyper-Efficient Inverter Driven by Positive EMF in Combination with Transient Phenomenon

Osamu Ide

Clean Energy Research Laboratory, Tokyo, Japan

「SPESIF」における発表論文

2011年３月16日　メリーランド州立大学

井出 治

クリーンエネルギー研究所

〈要旨〉

近ごろ非常に多くの電気装置に、インバータが主要構成部分として使われ始めている。こうしたインバータは、型どおりにロイヤーの回路を使用している。それは、入力時に方形波状のパルス電流を利用するように設計されたものだ。これに対し、著者が試作したインバータには二つの特徴がある。その一つが、入力として、鋭いスパイク状のパルス電流を利用していること、二つ目が、回路内で同時に起きる過渡的な現象を有効に利用して、一定レベルの効率の改善を試みたことである。この二つの特徴を組み合わせて利用することによって、正の起電力によって駆動される新しいタイプのインバータの開発に成功した。ここで、〝正の起電力〟とは何か？　と考えてみよう。それは、入力電流と同じ方向の起電力のことだ。これに対して、よく知られたファラデーの法則によって誘起された、いわゆる〝逆起電力〟は、入力電流と逆方向に発生するものだ。それらは、全く異なる性質のものである。コイルの中で誘起される〝正の起電力〟の値の大きさは、磁束の変化の速さに左右され、そこでは、2次および更に高次の、磁束の時間微分が関与している。

フェライトコアを利用したトランスの1次側に鋭いスパイク状の電流を入力すると、2次側にも同じような鋭い波形の出力電流が得られる。ところが、2次側には、過渡現象の効果によって正負に振動する大きい出力電圧が、1次側よりもかなり長時間持続する。2次側に過渡現象による出力が持続している時間内に、1次側に次の鋭いスパイク状の電流を入力すると、トランス内に、より鋭い磁束変化が生じる。その結果、より大きな〝正の起電力〟が発生し、大きな出力が得られる。この状態を何度も重ね合わせると、ちょうど雪崩のような出力の増幅現象が生じる。

著者は、このような方法によって、従来の2倍以上の効率を有するインバータを試作できた。

キーワード：インバータ、正の起電力、過渡現象
Keywords：(Inverter Positive EMF Transient Phenomenon)

I．文献1、2の解説

〈概要〉

この発見によるインバータの基本的な作動原理は、著者によって以前に報告されていた仮説と結論（井出、1995年：2000年）に基づくものである。従って、このインバータについての詳しい説明に入る前に、これらの参考文献の概要を説明しておこう。

このインバータの研究に取り組む前に、著者は、長年に亘り電磁誘導に伴って発生する異常な現象の解明に携わってきた。ここ数年の間に得られた研究成果は、本研究報告書にも参考として引用されている前述の二つの論文（1995年と2000年）に掲載されている。要するに、前述の二つの論文を組み合わせた重要な結論の一つは、〝未知の電磁誘導〟が現実に存在

する可能性である。そして、その特性は、ファラデーの法則に従った電磁誘導とは全く異なるものである。

井出の1995年の論文では、実験によって判別された未知の起電力は、〝正の起電力〟と名付けられている。〝正の〟という単語は、入力電流と同じ方向に発生する起電力を意味している。言い換えれば、その方向は、ファラデーの法則によって誘起された有名な〝逆起電力〟の方向とは、全く逆なのである。この未知の起電力は、著者の独特の駆動方式をもたらすモーターについての一連の実験の最中に、発見されたのだ。

研究の初期の段階で、著者は、蓄電器から一対の固定子に放電される電流によって駆動されるモーターの作動特徴について調べていた。そして、その回転子は、固定子の二つのコイルの中間点に位置していた。互いに向き合う二つのコイルの軸は、一つの共通の線上にあった（二つのコイルは回転軸の方向から見ると重なり合う）。

前述の調査の結果として、そこに異常な種類の起電力が発見された。それは、相対するように取り付けられた固定子の二つのコイルが、反発モードにある場合に発生した。言い換えれば、こうした現象は、それぞれのコイルから生じた二つの同じ磁場が、互いに反発する時だけに観測された。また、実験によって観測された起電力の値と、ファラデーの法則によって計算された理論的な起電力の値の間の差は、ほぼ3ボルトに達することも判った。

前述の現象を効果的に説明するために、著者は、〝発生した磁場が、特殊な位相を構成する場合のみ、正の起電力が誘起される〝という仮説を提唱した。ここで〝正の〟という単語は、ファラデーの〝逆起電力〟とは逆の方向に発生することを意味している。正の起電力がコイルの中に生じると、そのコイル内に入力される電流は加速されるので、電流の強度も増加する。つまり、コイルの中の電流の強さは、その入力電流から理論的に予測される以上の値になる。更に、研究の副産物として、各コイルの内部の抵抗損失が、こうした正の起電力の存在によって明らかに減少することも、実験によって確認された。

井出の2000年の研究では、1995年の研究で報告されたのと同じ実験条件での一連のテストが、同じモーターを使って行われた。ただし、そのモーターの固定子のコイルは、1995年に使われたものとは異なる設計のものだった。ここで、留意すべきことは、シミュレーションの理論的な計算値の精度を更に高めるために、新しい手法が導入された点である。もう一つの留意すべきことは、〝異常の度合いをチェックする指数〟が導入された点である。この指数は、実験によって観測された数値の、理論的に計算された数値からの偏差を示すものだ。

井出の1995年の論文では、正の起電力は、互いに反発する一対の逆磁場を発生させる固定子の一対のコイルの中だけで、観測されると述べられている。しかしながら、これまでに、著者（井出、2000年）によって報告された結論の一つは、正の起電力は、どんな種類や設計や条件のコイルの中でも、一般的に発生することを示すものだ。但し、その起電力は、反発磁場の中で生じたものに比べれば、充分に強くはないという。

換言すれば、正の起電力は、モーター・発電機・変圧器といった一般的で通常の電磁気装置の中でも、多かれ少なかれ発生しているが、普通の測定装置によって感知できるほど強くはないのだ。その理由は、通常の装置では、低い周波数のサイン波の入力電力が使われているので、発生した正の起電力の出力レベルは、充分に大きくならないからだ。たとえ誰かが実験によって、通常の電磁気系の中に、こうした異常発生電圧を検出しても、その異常なデータは、無視されるか、測定誤差として扱われる可能性が高い。なぜならば、〝正の起電力〟といった概念は、現在の世界では一般的でないからだ。

これまでに著者によって報告されていた（井出、2000年）、もう一つの重要な結論は、誘起された正の起電力には、秩序を持った法則性が認められることである。こうした規則性が発見された理由は、シミュレーションの精度の劇的な向上によるところが大きい。その結果として、得られた偏差のデータの中に、明確な規則性が認められたのだ。ここで、偏差というのは、実験によって観測された数値と、ファラデーの法則によって計算された理論的な数値の間の差を意味している。従って、〝正の起電力〟が、実際に存在するとすれば、正の起電力に起因する成分は、前述の偏差に関連していると想定するのが順当であろう。こうした考慮のもとに、著者は、〝正の起電力〟は、磁束の時間による2次微分か、それ以上の高次の時間微分の関数であるという仮説を提起した。

よく知られているファラデーの起電力は、磁束の時間による1次微分だけの関数として示されているものだ。たとえ誰かが、この現象を発見していたとしても、磁束の時間による2次微分以上に関与する起電力の成分は、従来考慮されたことがないので、その現象は、今日まで無視されていたに違いない。ここに、最も重要な二つの点が見受けられる。その一つは、ファラデーの起電力の成分とは完全に独立した、こうした非線形の成分を反映する起電力が、現実に存在することである。そして、もう一つは、こうした非線形の成分の作用する方向が、ファラデーのものとは全く逆であることだ。

この発見によるインバータの作動原理は、すべて多くの研究から得られた仮説と結論の核心を反映したものである。それらの研究内容は、前述の参考文献で述べられている。鋭いスパイク状の電流が、正の起電力を誘起し易い。なぜならば、その急峻さが、磁束の時間による2次微分以上の成分を誘起するのに有効だからである。もし、こうしたスパイク状の電流が、変圧器の1次コイルの端子に入力されると、実際に正の起電力の効果によって、現存する入力電流の強さは、通常の入力電源の値から予測されるより、遥かに高い水準まで高められる。その結果として、計算によって予測された数値を超えた量の磁気エネルギーが、変圧器の中に発生するのかもしれない。これこそ、この研究論文の主題である高効率インバータの開発のキーポイントの一つなのだ。

Ⅱ．超効率インバータ

既にご存知のとおり、インバータは、DC（直流）入力電源を、AC（交流）出力電源に変換する装置である。インバータは、主としてDC電源をチョップ（分断）する発振回路と、トランスによって構成されている。一般的には、ロイヤー（Royer）の回路が、発振回路として使われている。だが、最も原始的な回路としては、図1のように、DC電源からトランスの1次側に入力する電源を、単純にON－OFFを繰り返し行って、2次側に交流を発生させる方法がある。本インバータは、基本的には、この回路を使用している。

ファラデーの法則によれば、トランスの2次コイルからの出力電圧は、磁束の1次の時間変化率だけによって決まる。トランスのインダクタンス（誘導起電力の、電流変化率に対する比）が一定の場合には、トランスからの出力電圧は、1次側に入力される電流の時間変化率によって決まる。（次の方程式（1）の第一次項を参照）

ファラデーの起電力＝ dΦ/dt=d(L・i)/dt=L・di/dt ＋ i・dL/dt　（1）

ここで、Φは磁束、Lはインダクタンス、iは電流、tは時間である。

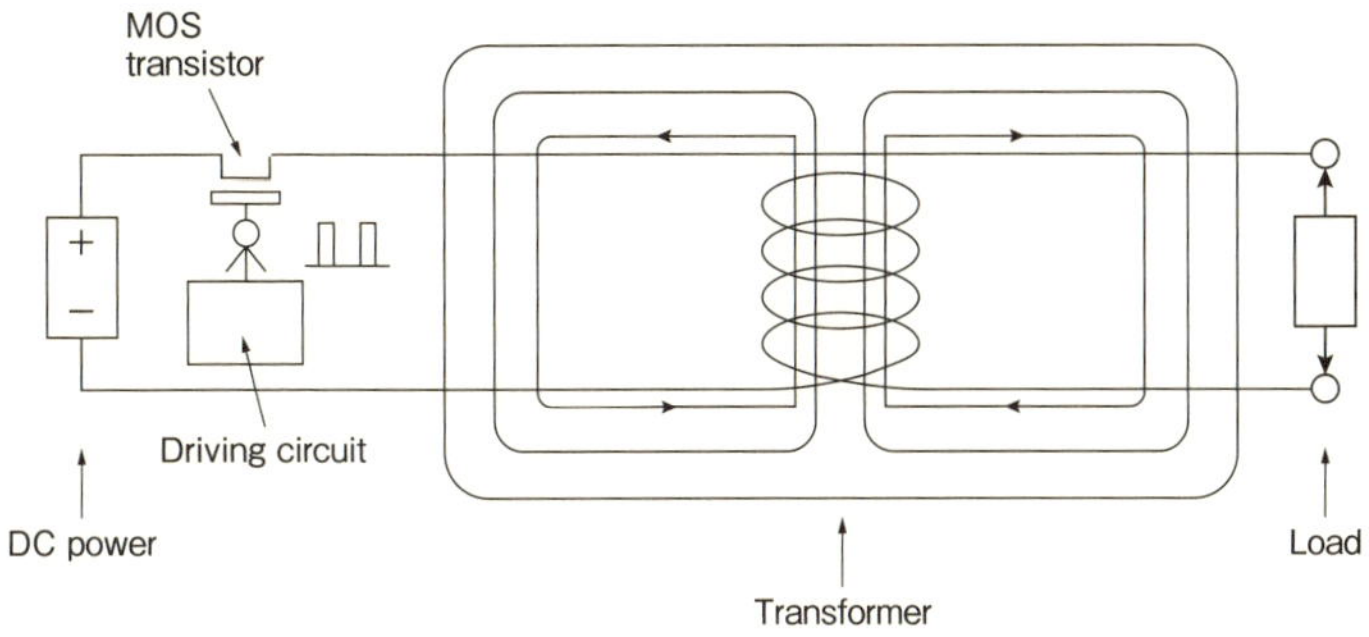

Figure1. Schematic diagram of the inverter.

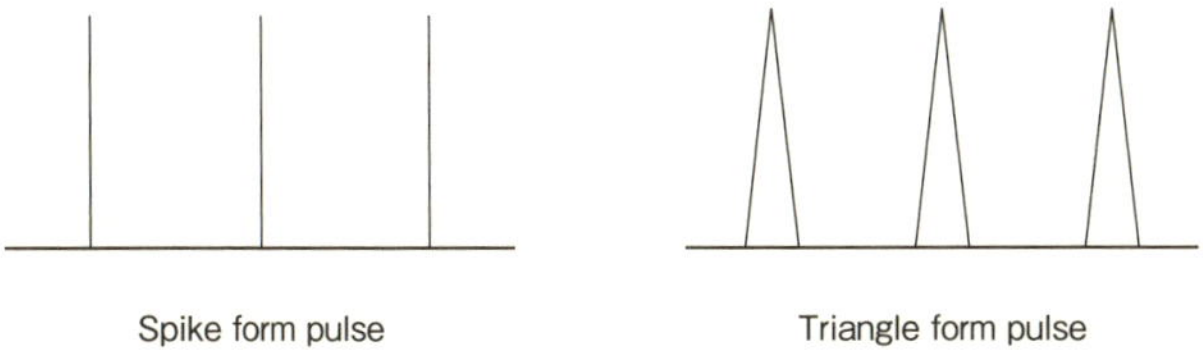

Figure2.

従って、直流成分の多い入力電流は、高い値の交流出力電圧を発生させるには、最も不利である。この観点から見れば、直流成分の多い方形波に近い電流で、駆動されるロイヤーの回路は、明らかに非効率である。

直流成分を究極的に小さくした理想的な駆動波形は、スパイク波である。それは、1次コイルの中の直流電流が流れる時間を、最も短くすることができる。しかし、現実的には、こうした完全なスパイク波を作ることは難しい。この難問を解決するために、著者は、それに代わる三角波を導入した。これならば実現が可能である。

こうした点を考慮した上で、著者は、MOSトランジスタによるスイッチング回路を使って、鋭い三角波を生じさせる装置を開発した。この場合、(立ち上がりと下りの)二辺からなる各三角形の頂点の両側の部分で、鋭くない領域が生じるのは、実際には避け難いことだ。つまり、電流の立ち上がりと立ち下りには、ある時間の経過がどうしても必要になる。(図2参照)

ここで、著者は、こうして生じた〝三角波〟を、〝スパイク波〟と仮に呼んでいる。なぜならば、著者は、この論文の残りの論議を円滑に進めるために、前者を、後者の実際上の代替物だと、考える必要があると考えたからである。

ところで、スパイク波の立ち上がりと立ち下り部分は、非常に高い周波数成分を含んでいる。

こうした傾向は、三角形の頂点の、狭いが平坦でない領域では著しいと想定される。従って、この電流をトランスの1次側に入力すれば、磁気コアの磁場の中に、非常に急峻な磁束変化が発生する。つまり、これは、正の起電力を効果的に誘起させる、極めて理想的な条件なのだ。こうした理由で、スパイク波がインバータの駆動回路に使われているわけだ。

他方、文献1、2の結果をベースとして、著者は、通常とは全く異なる磁場構造のトランスを使用して、従来以上の高効率のインバータを試作した。それは、やはり、正の起電力を発生させる方法の一つである。つまり、トランスの磁気構造において、エアギャップを設けて、磁極を対向させた反発磁気を利用するわけだ。この方法は、いわば高効率インバータの開発の成功に、最終的に貢献した。こうして開発されたインバータは、実際に、現存のどんな種類のインバータをも常に凌《しの》ぐほど、効率が高いことが立証されている。

前述のもの以外に、著者は、また、ある種の革新的な駆動方法を導入し、基本的な構成要素として通常のトランスを使用して、他の種類の高効率インバータの開発にも成功した。

この副産物的なインバータについての詳しい説明は、次のとおりである。

最初のスパイク波の電流が、トランスの1次コイルに入力された後で、過渡現象によって、対応する誘起された電圧が、2次コイルの中に発生する。それから、誘起された電圧が、まだ2次コイルの中に残っている段階で、次のスパイク電流が、1次コイルの中に入力される。そして、3番目の電流とそれ以降の電流についても、同じ動作が繰り返される。こうした動作を続けることによって、1次コイルの中の電流は、繰り返しの回数に比例して、急激に増大する。その結果として、雪崩のような現象が起きて、出力電圧が異常に高いレベルまで達する。言うまでもないが、2次コイルに負荷の抵抗がある状態においても、このような現象が起きる。2次コイルからの出力電圧のレベルは、現存する負荷の値の大きさに応じて、ある一定のレベルで飽和する。しかしながら、出力電圧は、単独のスパイク電流による場合の2倍以上のレベルになる。

このような現象は、スパイク入力電流の繰り返しの周期を縮めることによって発生する。著者は、この現象を〝雪崩効果〟と呼んでいる。それは、2次コイルの中に現存する、多数の過渡的な波形を重ね合わせることによって発生する。まさに、この雪崩効果のお陰で、本研究の目的である高効率のインバータの製作が達成できたのだ。

〈実験装置の回路構成および測定結果〉

図3は、本インバータの実験回路構成および概観を表す。

図3（a）においては、直流電源（38v～54v）からの電流は、MOSトランジスタによってチョッピングされて、トランスの1次コイルに入力される。トランスの2次コイルからの出力は、負荷抵抗Rによって消費される。

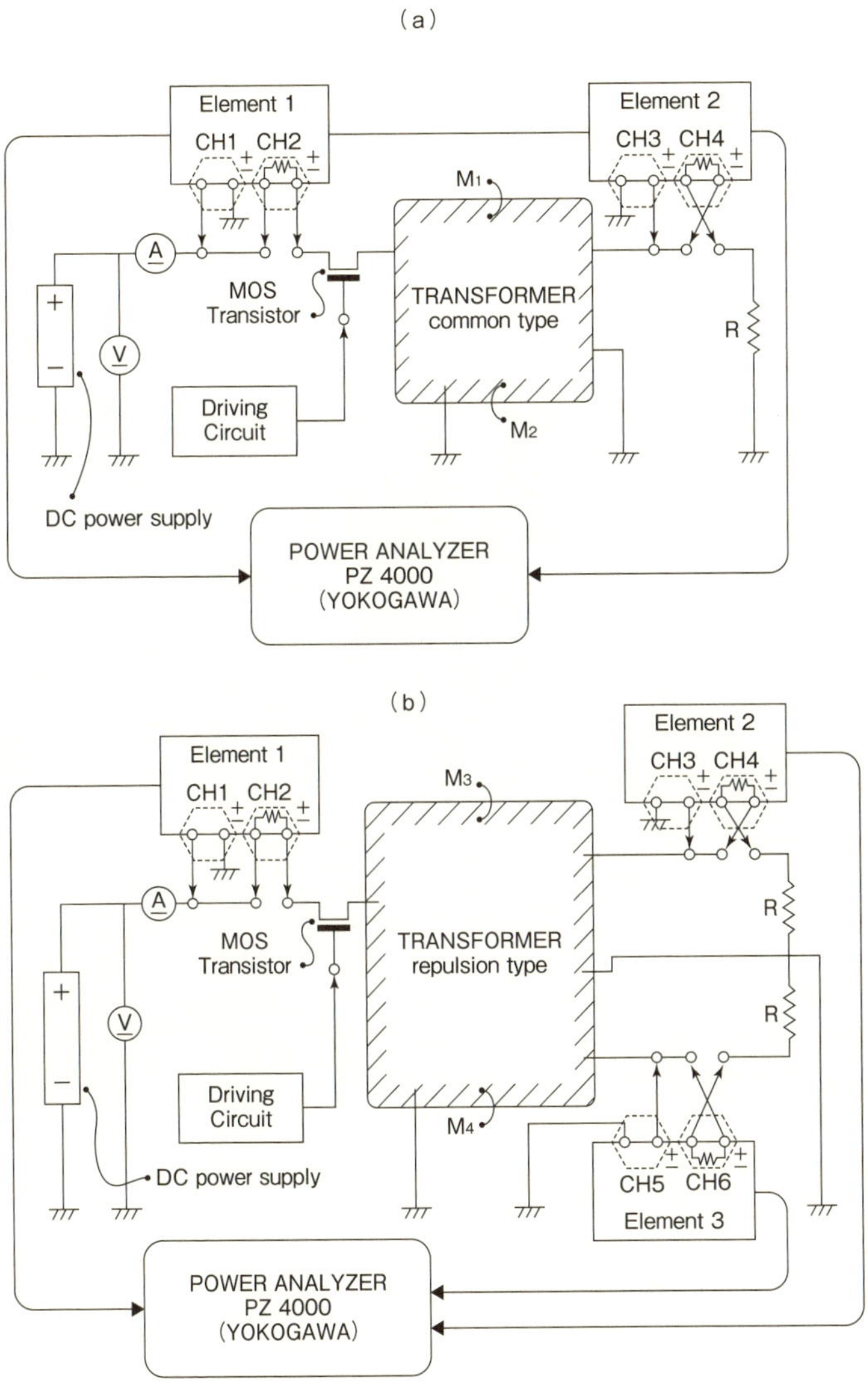

Figure3.　本インバータの実験回路構成、および外観
（a）通常のトランスを使用した場合の構成図
（b）反発磁場トランスを使用した場合の構成図
（c）外観

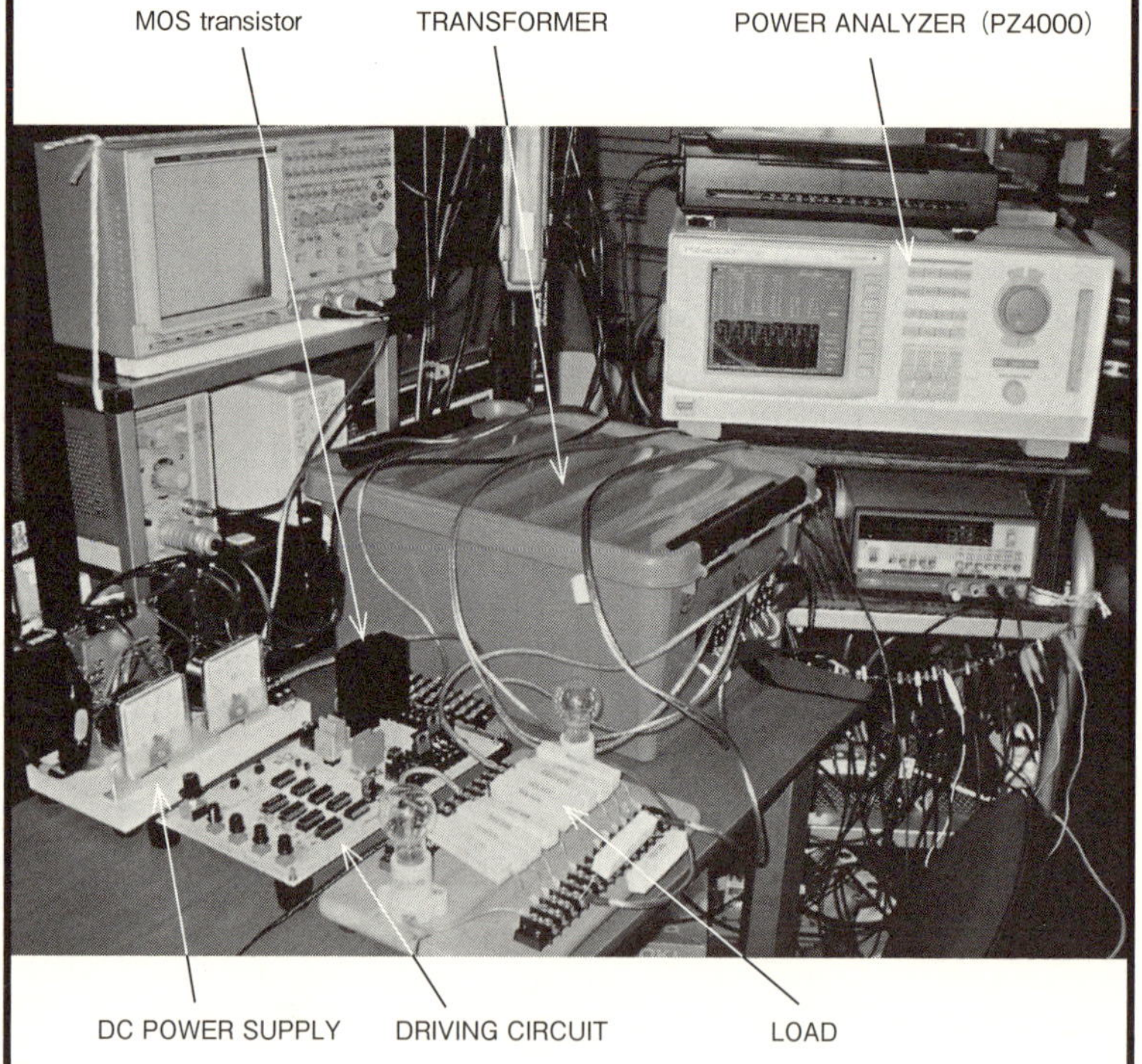
MOS transistor
TRANSFORMER
POWER ANALYZER (PZ4000)
DC POWER SUPPLY
DRIVING CIRCUIT
LOAD

Figure3.

図3（b）の反発磁場のトランスの場合は、2つの出力端子があり、それぞれ2個の負荷抵抗に出力される。

M1、M2、M3、M4は、磁気コアであり、同質（材料）のものを使用した。図3（b）のM3、M4は、同じ極が対向した反発磁場を形成する電流が、流れるような構造になっている。また、磁気コアM3、M4の間には、エアギャップが設けられている。

インバータの入出力電力は、YOKOGAWA製のパワーアナライザーPZ4000によって測定された。（図3（c））このパワーアナライザーは、4系列の電力をそれぞれ完全にfloat（絶縁）された、電圧・電流センサーによって、高速の同時サンプリングで測定して記録できるものだ。それぞれの系統の実効電力を計算し、数値と波形を比較表示することができる。従って、どのように歪んだ波形でも、正確な実効値を測定できる。また、記録された波形の中で、指定した任意の時間区内において、電圧・電流・電力の実効値を計算できる。

図3のエレメント（Element）1, 2, 3は、各々パワーセンサーユニットである。Element 1は、入力測定用、Element 2, 3は、出力測定用とした。図3（b）の反発磁場トランスの場合は、出力電力値は、当然、Element 2とElement 3の合計である。CH1、CH3、CH5は、それぞれ電気的にfloat（絶縁）された電圧センサーであり、入力インピーダンスは1MΩである。CH2、CH4、CH6は、同じく電気的にfloatされた電流センサーであり、内部の分流器シャント（shunt）の抵抗値は0・1Ωである。サンプリング周波数は5MHz、垂直分離能

は12ｂｉｔである。参考のために、直流電源からの出力を、別の直流電圧・電流計によって測定して、パワーアナライザー（ＰＺ４０００）による入力電力値と比較した。その結果として、両方の数値はほとんど一致した。むしろ、パワーアナライザーによる測定値の方が若干大きくなっている。

本実験回路は、比較のため様々な種類の駆動信号（パラメータ）によって駆動された。図４は、ＭＯＳトランジスタに入力される様々な駆動波形を示す。図４（ａ）は、図３（ａ）の通常トランスに使用した駆動波形、（ｂ）は、図３（ｂ）の反発磁場のトランスに使用した駆動波形である。図４の（１）は、パルス幅、すなわち直流成分の大きい方形波、同じく（２）は、パルス幅が小さい方形波、同じく（３）は、直流成分を極小にしたスパイク波、同じく（４）は、くり返し周期の短いクイックスパイク波である。

測定結果は、図５に示されている。Ｘ軸は負荷抵抗Ｒの値、Ｙ軸はインバータの効率を表す。図５の（１）から（４）のパラメータは、それぞれ、図４の（１）から（４）の駆動波形に対応している。

図５（ａ）は、通常トランス、同じく（ｂ）は、反発磁場トランスの測定結果である。

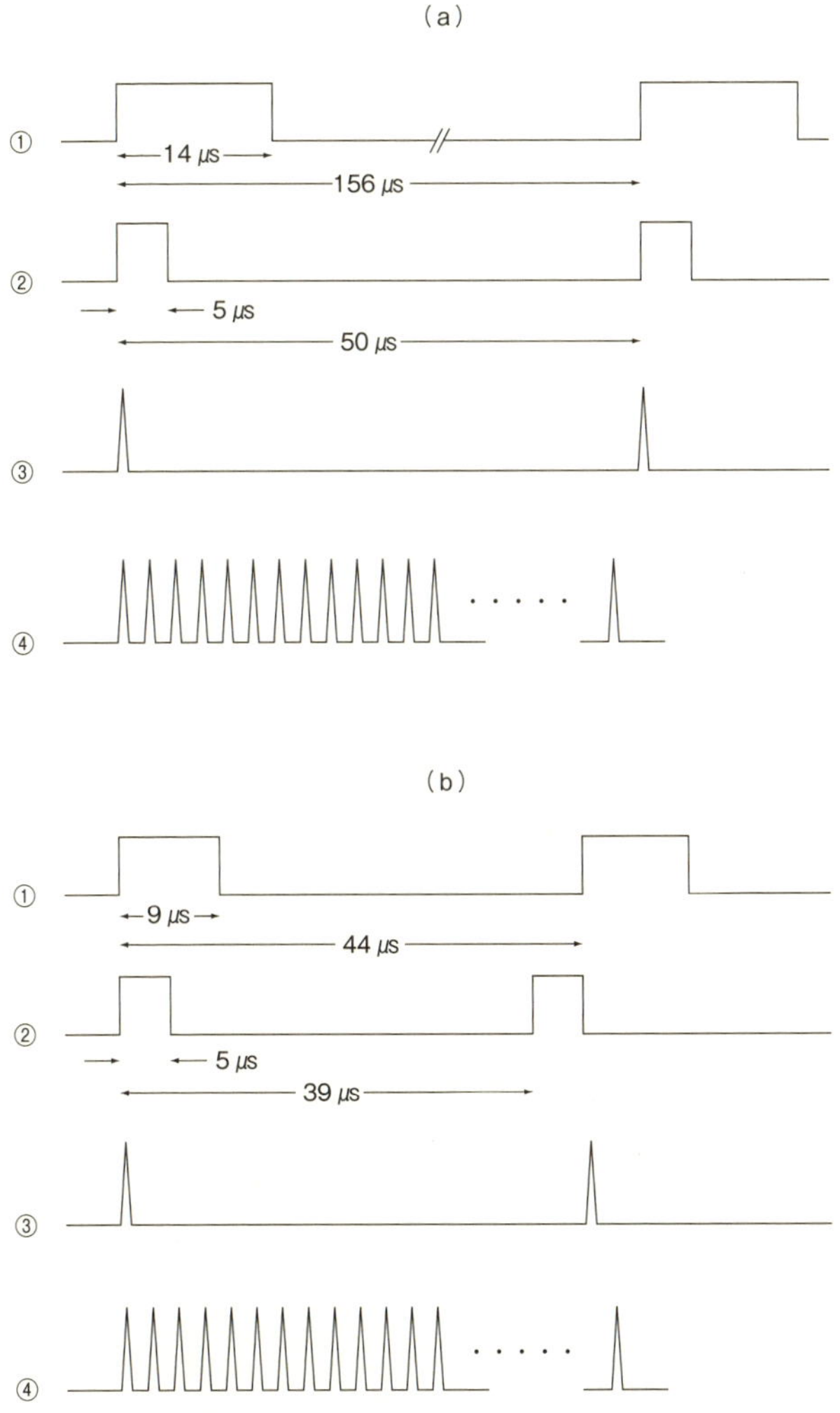

Figure4.　本インバータの駆動波形
（a）通常トランスに使用した駆動波形
（b）反発磁場トランスに使用した駆動波形

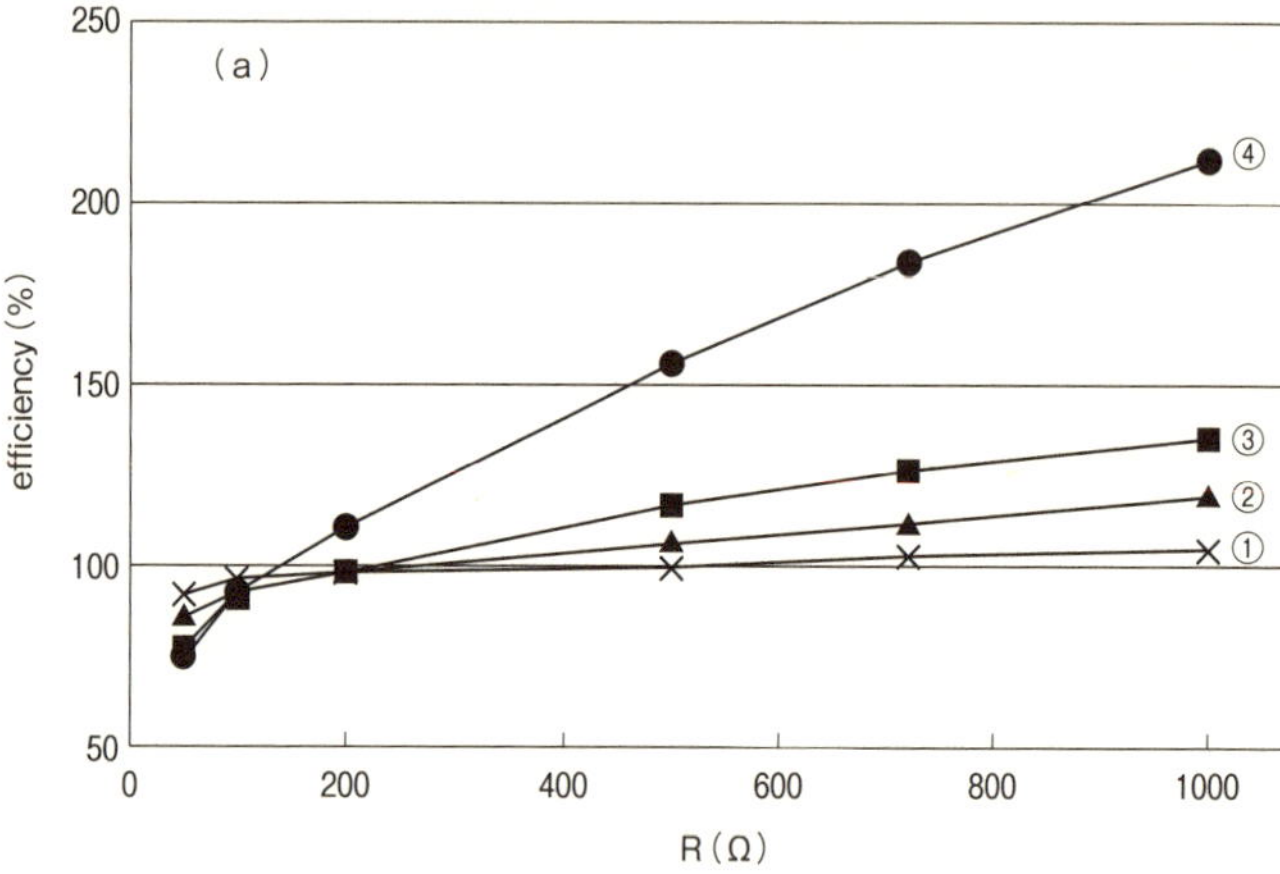

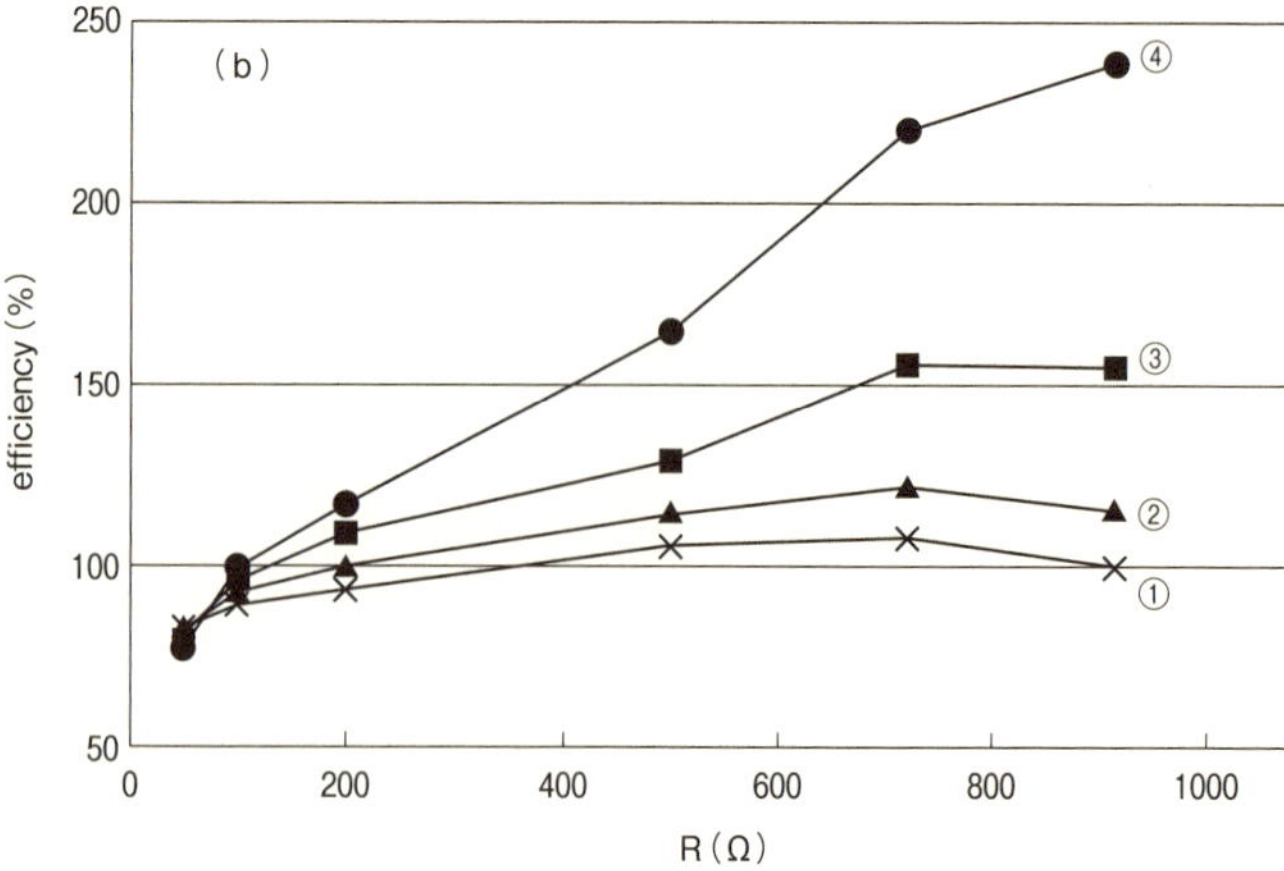

Figure5.　本インバータの測定結果、パラメータは駆動波形
（a）通常トランスの負荷（Ω）に対する効率（%）
（b）反発磁場トランスの負荷（Ω）に対する効率（%）

各ポイントは、400から8000波形での平均値である。

〈解析と考察〉

I．スパイク波で駆動したインバータ

図5が示す結果は、駆動波形としてスパイク波を使用すれば、通常トランスと反発トランスの、両方共に高効率になることを表す。図4のパラメータ（1）から（3）のデータを比較すれば、駆動波形がスパイク波に近づく程、効率が上昇することが判る。

図5のパラメータ（1）のデータは、通常のインバータに最も近い条件下のものであり、直流成分が最も大きい駆動波形についてのものである。この条件においても、若干ながら100%を超える効率となっているのは意外である。

これについて、パワーアナライザーによって観測された波形から考察してみよう。

図6は、通常トランスの入力を、直流成分の大きい単発の方形波で駆動して、出力電圧をパワーアナライザーによって観測した波形である。

図6（a）は、方形波でトランスを駆動したときの駆動波形を表し、図6（b）は、負荷が

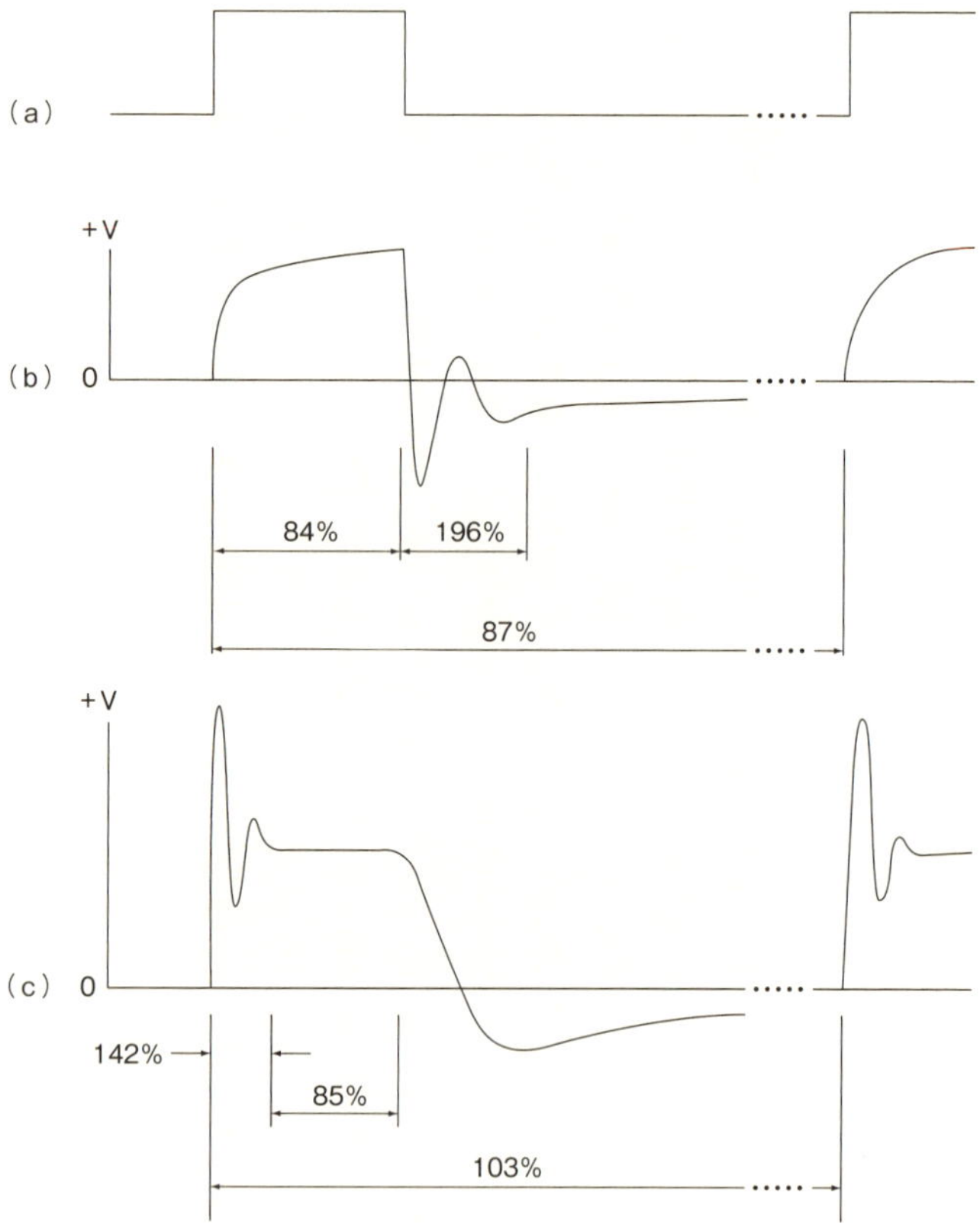

Figure6.　通常のトランスを、直流成分の大きい単発の方形波で駆動した場合の駆動波形および出力電圧波形
(a) 駆動波形
(b) 負荷抵抗が小さい場合の出力電圧波形
(c) 負荷抵抗が大きい場合の出力電圧波形

小さい場合（R＝50Ω）における出力電圧波形、図6（c）は、負荷が大きい場合（R＝991Ω）における出力電圧波形を表す。ちなみに、出力電流波形は、負荷が純抵抗であるため、出力電圧波形に準じた形になる。

図6（b）および（c）の下部に示された数値は、出力波形を各区分に分けて、その区間のみの部分効率を測定した数値である。例えば、図6（b）について解説すれば、入力電流がONになった時点から、OFFになるまでの区間の効率が84％。入力がOFFになった直後の短い区間においては196％。単発の駆動波形全体では、87％となった。ちなみに、これは、図5（a）の数百の波形の平均値の結果とほぼ一致している。

これに対し、図6（c）の波形では、入力電流がONになった直後の、ある短い区間においては、大きな効率（142％）が発生して、その後、入力がOFFになるまでの時間区間においては、85％になる。更に、その後、入力電流がゼロに近くなった後も、逆方向の電圧の残留波が長く続き、当然、この残留波の区間は、100％以上の超効率になる。その結果、単発の駆動波形全体では、103％になった。ちなみに、これも図5（a）のデータと一致している。

図6において最も興味深い点は、入力電流がONとOFFの時に発生する、通常ノイズとみなされる部分において、大きな効率が得られることである。もう一つの点は、入力電流がほとんどOFFになった後、トランスの2次側出力には、残留波がかなり長く持続して、この残留波区間もかなり超効率となることである。最も効率が低いのは、駆動波形の中間部分の直流成

分が大きい部分（84〜85％）である。おもしろいことに、この数値は、通常のインバータの効率に近い。

通常のインバータは、出力を整流して、直流として使用する場合が多いので、入力がON－OFF時に発生する大きな振動波形を、ノイズの原因となるため除去している。これが、本インバータのような高い効率にはならない理由の一つかもしれない。

これに対し、本インバータは、入力のON－OFF時の超効率部分を、出力の一部として利用するのみならず、OFFの後に発生する残留波も利用している。特に、スパイク波を利用した場合は、平坦な直流部分を除いた、最も高効率の部分のみを利用することになり、これが、スパイク波を使えば、意外な程、高効率が得られる理由ではないかと推定される。また、これらの結果から、スパイク波により入力電流のON－OFF部分に発生する、正の起電力（positive EMF）が、超効率の根本の原因となっていることが推定できる。

Ⅱ. トランス内部に反発磁場を設けたインバータ

文献1および2の両者に共通する結論は、モーターの磁場構造に反発磁場を有する場合、positive EMFが、顕著に現れることを示したものだ。反発磁場とは、NまたはSの同磁極が、エアギャップを介して反発する状態をいう。

通常の磁気回路においては、このような磁気構造を備えた例はない。なぜならば、反発磁場を設けると、互いに対極する磁場を打ち消し合うことになり、トランスとしての能率を落とすことは常識だからである。また、エアギャップを設けることは、磁束漏洩と同じであり、やはりトランスの能率を落とすことになる。

ところが、著者の研究においては、トランス内部に反発磁場を設けることが、特殊な駆動方法を採用した場合に、トランスの効率に対して極めて有効であることが判った。例えば、反発磁場を有するトランスに、スパイク電流を入力した場合、電流の急激な立ち上がり部分の短時間内においては、対極する磁極に巻かれたコイル内に、正の起電力が発生し、電流を加速させる。また、スパイク電流がOFFとなる瞬間においては、互いに対極する磁極に巻かれたコイル内の電流を、より早く減少させようとする（このことは、〝レンツの法則〟でも、説明可能である）。

このような、トランスの1次電流の加速と減速は、2次側出力に有効に作用すると推定される。すなわち、図1の通常の磁気構造を持ったトランスよりも、同じ入力電圧に対して、電流がON－OFFする過渡的な時間内においては、より大きな磁気エネルギーが、トランス内に発生する可能性が高いと推定される。

以上のような反発磁場を有するトランスを、スパイク状の入力電流で駆動することによって、更なるインバータの高効率化に成功したのだ。

図5の（a）通常トランスと（b）反発磁場トランスの効率を比較すれば、ほぼ同条件の駆動波形に対しては、反発磁場トランスのデータの方が上まわっていることが判る。

Ⅲ．クイックスパイク波を利用したインバータ

図7（a）で示されたインバータの1次コイルの中に、1回目のスパイク状の電流が入力されると、負荷抵抗を帯びた2次コイルの中に、ほぼ似た形状の電流と電圧が発生する。ところが、その出力電圧は、増幅軸の形状に沿って、正の値の範囲だけでなく、負の値の範囲まで、大きく変化あるいは振動する。そして、この出力電流は、かなり長時間持続する。これを、仮に〝残留波〟と呼ぼう。

2次側出力に生じる残留波が消えない時間内において、2回目のスパイク電流を、トランスの1次コイルに入力する。そうすれば、出力の残留波がゼロになってから、2回目のスパイク電流を入力した場合よりも、トランスのコア内において、より急峻な磁束変化が生じる。（図7（a）、（b）特に（b）の矢印A）

特に2次コイルの残留波が、1次コイルの入力電流と逆方向に流れている状態にあり、なおかつ、残留波が大きい場合には、最も急峻な磁束変化が生じるものと推測される。

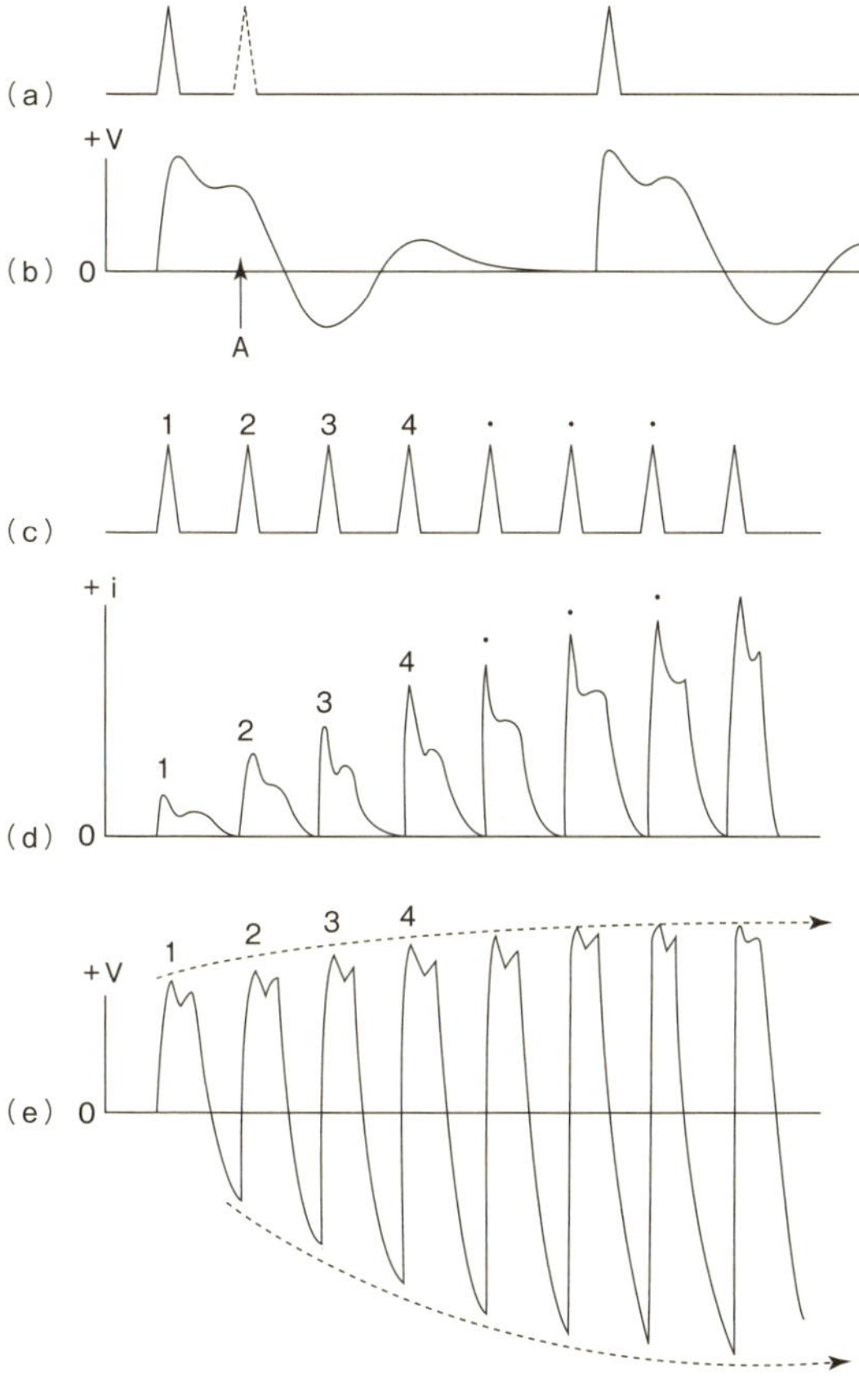

Figure7.　トランスを quick spike 波によって駆動した場合に生じる雪崩効果を示す。
（a）単発のスパイク波の駆動波形
（b）単発スパイク波による、トランスの出力電圧、電流波形
（c）quick spike 波の駆動波形
（d）quick spike 波によるトランスの入力電流波形
（e）quick spike 波による、トランスの出力の雪崩波形

また、異なる見方をすれば、トランス内において、1次コイルと2次コイルの両方が、互いに逆方向の電流を生じる期間においては、ある意味で、反発磁場を形成していると考えられる。この見解は、反発モードで対向する二つの磁場が、最も強い正の起電力を誘起するという、著者の結論（井出、1995年、2000年）によって裏付けられている。従って、正の起電力の絶対値が、ファラデーの逆起電力を超えるタイミングで、1次コイルの出力電流が、加速され始める。

つまり、1回目の入力電流によって誘起された正の起電力が、2回目に入力されるスパイク電流が強くなるのを助ける。そのために、次の入力電力の強さは、実質的に増大し、最初のスパイク電流の強さを超えて行く。ここで留意すべきは、入力電流は、直流電源の電圧水準が一定に保たれる状態下で、増大するという点である。その結果、2回目の入力電流により、2次コイルの中に生じた残留波の強さが、大きく増大することになる。

従って、3番目のスパイク電流が、残留波が消える前のタイミングで、1次コイルに続いて入力されると、更に強い正の起電力が誘起される。（図7（c）（d））

このような動作が繰り返されると、そのたびごとに、出力の増幅が生じる。従って、短期間のうちに、雪崩のような出力電圧と電流の増大現象が生じる。しかしながら、そこには、出力電圧のレベルの最大限度があり、出力パワーは、短期間の内に、あるレベルで飽和する。（図7（e））

残留波の重畳効果によって生じた、前述の雪崩のような現象は、この発明によるインバータの非常に重要な特徴の一つになっている。電源スイッチがONになった直後に起きる、この現象は、パワーアナライザーPZ4000のような測定器を使って、視覚的に観測できる。

しかし、1次コイルに入力されるスパイク電流のくり返し周波数が低過ぎる場合、つまり、各々のスパイク電流の時間間隔が大き過ぎる場合、このような出力の雪崩現象は生じない。

ここで、後記のインバータの、入出力のパワーについて考察しよう。以上で述べたように、このインバータの作動原理についてのキーポイントの一つは、1次コイルに入れられるスパイク状の電流が、それ以前のパルス電流によって誘起された、正の起電力によって強められることだ。その結果、トランス内の磁気エネルギーの増大が生じる。入力電流が増えることは、当然、入力パワーも、また、増大することを意味する。しかし、入力の直流電源の電圧は一定であるので、入力パワーは、ただ入力電流の値に比例して、増大するのみである。その場合、通常のトランスのように、入力電流がONになる時間を増大する必要はない。

ここで注意を要する点は、この入力電流の増大現象は、入力パルスがONとなる駆動時間を増大することによるものではないことである。単発のスパイク波によってONとなる、同一の短時間内において、次々と連続して入力される各スパイク波ごとに、正の起電力（positive EMF）によって、入力電流値が順次増大する現象が生じるのである。（図7（c）、（d））

通常のトランスやコイル内では、こういう現象は起こらない。直流電源、電圧、コイルのインダクタンスと抵抗が一定ならば、入力電流を増大させるためには、駆動時間の増大が必要である。

ところで、入力パワーが、単に、入力電流の値に比例して増大するのに対して、トランス内の磁気エネルギーは、入力電流の〝二乗〟に比例して増大する。磁気エネルギーは、次の公式によって示される：

$$E=1/2 \cdot Li^2 \cdots\cdots (2)$$

ここで、Lはコイルのインダクタンス、iは電流

従って、2次コイルの出力パワーは、入力パワーよりも増大する率が大きくなるはずである。前記の記述を立証する証拠は、インバータの入出力の波形を、パワーアナライザーPZ4000で観測することによって得られる。すなわち、その観測によって、入力電力は、入力電流に比例して増大するのみであるが、出力パワーについては、電圧と電流の両者共に、入力電流の強さに比例して増大していることが判る。それは、2次コイルの出力パワーは、大いに増加していることを意味している。従って、出力パワーは、入力パワーよりも、増大する率が大きくなると結論づけられる。

著者は、このような原理によって、インバータの効率向上に成功したのである。

なお、方式によるインバータは、既に6種類の計7台を試作した。これらすべてについて、同様の動作が確認されている。つまり、再現性に問題はない。

本インバータの示す　不可解な現象

○本インバータの出力電流を、磁場を検出するタイプのクランプ型の電流プローブを用い、これを、100MHzのデジタルストレージオッシロスコープに接続して測定すれば、その出力電流値は、パワーアナライザー（PZ4000）による測定値よりも、かなり大きなレベルになる。

○測定された出力電力の割には、負荷抵抗の発熱量は少ない。また、見かけ上の負荷抵抗の値が減少している。

○長時間、動作させた場合、トランスのコアの一部分には、温度上昇がないか、むしろ、若干冷却する兆候が見られる。

○微分効率という、効率の評価方法がある。出力の増大分に対する、入力の増大分の比で表す。本インバータの微分効率を測定すれば、1000%を超える。

○本インバータに負荷を接続した状態で、トランスへの入力電力を測定すれば、ある負荷抵抗値（特異点）を境にして、実効入力が負となる。これは、トランスに入力される電圧と電流の波形の位相差によるものであることが、波形観測から判っている。この状態を単純に解釈すれば、トランスのみの効率は、特異点においては無限大（∞）となり、それを超えると、負の効率になる。これは、すなわち、トランスは、負荷がつながれた2次コイルのみならず、入力用の1次コイルからも、エネルギーを出していることになる。

前記の事項には、たいへん興味深い点があり、今後の重要な研究テーマとなる。

（注1）クランプ型のプローブ：Tektronix A6303, AM503
（注2）デジタルストレージオッシロスコープ：Panasonic VP-5740A

〈総括と結論〉

直流電源と、直流電源からの電流を、MOSトランジスタによってスイッチングする駆動回路と、トランスによって構成されるインバータについて、従来とは異なる駆動方法（波形）とトランスの磁気構造を有する、インバータを試作し、テストした。

この場合の留意点は次のとおり。

一つは、トランスに入力する電流の駆動波形として、直流成分をほとんど含まないスパイク波を使用すること。

二つ目は、トランス内部の磁気構造に、同じ磁極が対向する反発磁場を使用すること。

三つ目は、駆動用のスパイク波の繰り返し周期を短くすることによって、トランス内に生じる過渡現象による残留波と、入力スパイク電流を重畳させ、トランスの出力を増大させる、駆動法であること。

結果として、次の事項が判明した。

1. 駆動波形として、スパイク波を使用すれば、直流成分を含んだ方形波を使用するよりも、インバータは高効率となる。
2. トランスの磁気構造に、反発磁場を使用すれば、通常のトランスよりも、高効率のインバータとなる。
3. くり返し周期の小さい、速いスパイク波（quick Spike form pulse）を使用すれば、周期の大きいスパイク波を使用するよりも、高効率のインバータとなる。

前記の方法は、文献1および文献2によって、存在が示された仮説である、「正の起電力(positive EMF)」によって、説明することができる。

しかし、インバータの効率が１００％以上になる現象については、不可解な点も残っている。

〈謝辞〉

本論文の内容については、ＮＥＣの南善成氏より重要な助言を頂いた。

本研究に使用した、数種類の実験機の試作は、前座敬氏の助力によるものである。

本論文のグラフ作図は、船橋孝之氏の助力によるものである。

ＹＯＫＯＧＡＷＡの河野正敏氏には、実験機とパワーアナライザー（ＰＺ４０００）の接続回路のチェックをして頂いた。

全論文の英訳は、（株）ヤマトランスの山本瑛一氏によるものである。

前記の方々の助力によって、論文が完成したことを感謝する。

〈文献〉

Ide,O., “Increased voltage phenomenon in a resonance circuit of unconventional magnetic configuration,” J. Appl. Phys., 77（11）,（1995）, pp,6015-6020（Preprint）.

Ide,o., “Possibility of existence of non-linear electromotive force（EMF）,” in the Fifth International Symposium on Magnetic Suspension Technology,edited by Nelson J. Groom and Colin P. Britcher, NASA/CP-2000-210291,（2000）.

井出 治　いで おさむ

1949年1月13日、愛媛県今治市生まれの松山育ち。

1971年、立命館大学理工学部電気工学科卒。

1972年、清家新一氏の新エネルギー理論の本『宇宙の四次元世界』を読み、新エネルギーの研究を開始。

1973年、清家理論に基づくモデル実験装置を製作し、実験結果を会誌「宇宙機」に発表。

実験レポートによって、会誌の読者の一人から米国で開発されたEMAモーターの情報を得る。

EMAモーターの動作は、清家理論に関係ありと認識。

EMAモーター：米国ロサンゼルスのエドウィン・グレイが発明した、永久機関のような異常な動作をするモーター。

1976年1月、ロサンゼルスにおいて行われたEMAモーター6号機の公開実験をみる。これは、以後の研究の重要なヒントとなる。

1977年、EMAモーターの情報を参考にして、キャパシタの放電によって回転するモーター（エーテルエンジン）の試作機を製作。しかし、エネルギーの異常な現象は発見できない。

1980年、さらに新しいモデル機を試作。

このモデル機においては、電磁気的な異常現象を発見。これが、未知の第3起電力「POSITIVE EMF」の糸口となる。

1984年、当時日本テレビのディレクターであった矢追純一氏の紹介により、クリーンエネルギー研究所長として本格的に未知の電磁エネルギーの研究を開始。

以後、次々と3台のエーテルエンジン実験機を試作。1980年に発見した未知の第3起電力の再現を試みる。

1988年、エーテルエンジン3号機において、異常なエネルギー現象を発見。その成果を元に学術論文を作成。

1995年6月、米国物理学会の「応用物理学ジャーナル」誌に投稿した論文が、査読者より高い評価を得て掲載される。

また本論文は、MITの故ユージン・マローブ博士によって、「INFINITE ENERGY」誌に極めて意味深長な内容のコメント付きで紹介される。

1996年、これまでの新電磁エネルギーの研究過程と成果を、ストーリーふうにまとめ、著書『パンドーラの遺産』（ビジネス社）に著す。

1997年1月、本書は「日経ビジネス」誌のベストセラーランキングにおいて、38位にランクされる。

＊他、新エネルギーに関する15冊の共著、及び多数の雑誌記事がある。

1998年、エーテルエンジンのより精度の高いシミュレーションソフトを作成し、それによる計算値を実験値と比較し「両者の差」に注目する。結果、未知の第3起電力に潜む法則性を発見する。

1999年3月、NASAラングレー研究所より12月の学会案内を受理。上記実験による論文を作成。12月、カリフォルニアのサンタバーバラで開かれた磁気浮上技術国際会議で発表。

2000年7月、NASAラングレー研究所より発行された論文集に上記論文が掲載される。

2000年より、第3起電力を応用したインバータの研究を開始。

2000年、初期の実験により、一瞬の過渡状態においてエネルギー効率125%を検出。しかし再現性はない。

2009年5月、連続駆動できるインバータにおいて、エネルギー効率110%を達成。10日間以上、この状態は続く。

しかし、当初製作したコイルの形態を変化させた途端、再現性が消滅。未だにその理由は不明である。

2010年1月、従来とは全く異なるコンセプトに基づく駆動法によるインバータを試作。エネルギー効率200%以上を達成。

2010年7月、上記インバータの日本国内特許を申請。

2010年12月、上記インバータに関する論文を作成。

2011年3月、上記論文を米国メリーランド州立大学で開催された「SPESIF2011」において発表。会議の幹部より高い評価を得る。

〈その他の業績〉

1979年から1984年、セイコー電子工業（株）SIIの時計設計部、および電子機器部に勤務。

＊クォーツ時計のマイクロステッピングモーター、およびマイクロスピーカーの設計グループに所属。2機種の部分設計を担当。

＊スイス、ジュネーブ市主催の時計デザインコンテストに出品する時計の、EL（エレクトロルミネセンス）による表示のモデル製作を担当。準グランプリを受賞。

＊コンピュータワークステーションの電源装置の設計を担当。

なお、このとき経験した、インバータの波形の観測が、その後の超効率インバータ製作のヒントとなった。

〈クリーンエネルギー研究所における商品開発〉

＊1993年～2009年。水平型のテスラコイルを開発。水、物品、鉱物、宝石等をテスラコイルによる高周波高電圧で処理し、物性を変化させ、商品に付加価値を付けた。

また、AC電源による入力電力に対する、火花放電を伴う、高電圧DCによるテスラコイルの一次側の出力効率は、超効率（約130%）になっていることを発見した。

＊人体を負電圧（−18V）でアースする事により、リラクゼーションを得る器具を発明。

2001～2005年、売り上げ￥3億。

＊人体に一定時間、高電圧を付加した後、負電圧でアースする治療器具を発明。

2004～2006年、売り上げ￥20億。

〈お問い合わせ〉

・クリーンエネルギー研究所　FAX 03-5442-4746

・井出治論文集「未知の起電力」（米国物理学会、NASAラングレー研究所における発表論文の原文、邦訳および解説付）単価￥5,000

　お申込　TEL 03-6280-4527

超☆わくわく019

フリーエネルギー、UFO、第3起電力で世界は大激変する

永久機関の原理がすでに見つかっていた

第一刷 2011年10月31日

著者 井出 治

発行人 石井健資

発行所 株式会社ヒカルランド

〒162-0814 東京都新宿区新小川町9-7-B202

電話 03-6265-0852 ファックス 03-6265-0853

http://www.hikaruland.co.jp info@hikaruland.co.jp

振替 00180-8-496587

本文・カバー・製本 中央精版印刷株式会社

DTP 株式会社キャップス

編集担当 石井健資

ISBN978-4-905027-60-7

ヒカルランド　好評既刊!

地上の星☆ヒカルランド　銀河より届く愛と叡智の宅配便

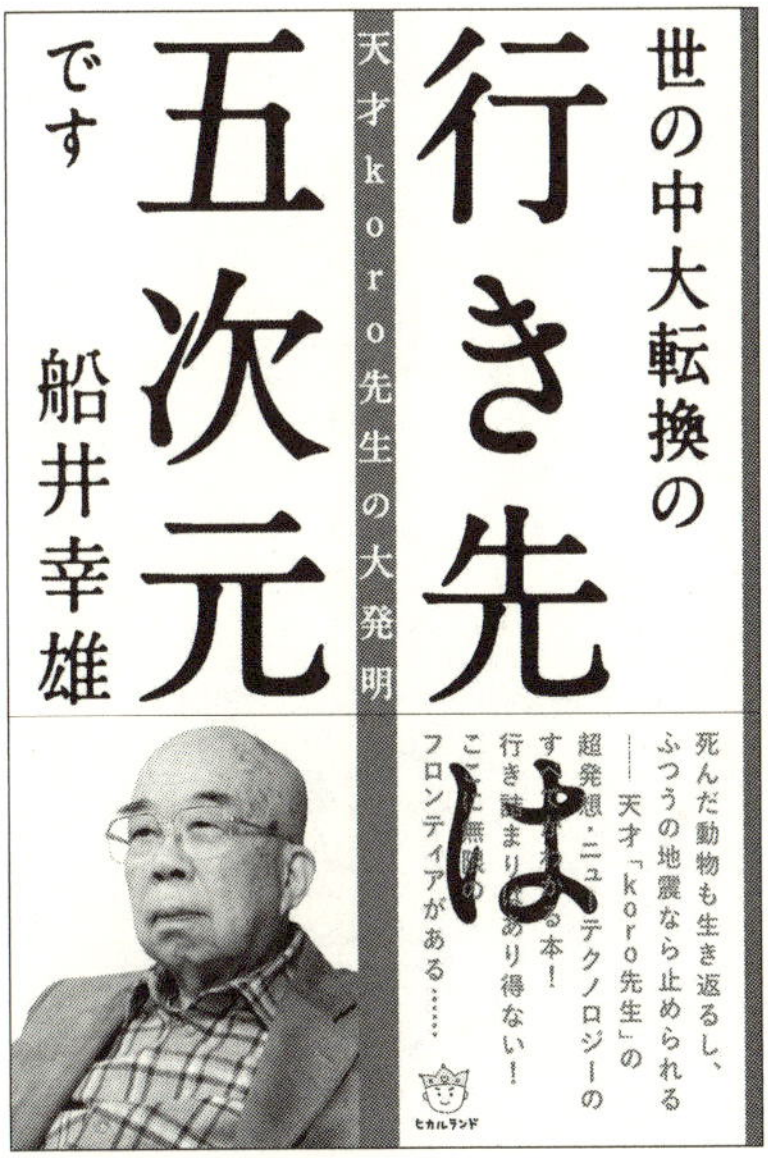

世の中大転換の行き先は五次元です
天才koro先生の大発明
著者：船井幸雄
四六ハード　376ページ　本体1,700円＋税
超★わくわく　シリーズ008
ISBN : 978-4-905027-18-8

船井幸雄氏が信頼し、心をかよわせた畏友であり、天才発明家であったkoro先生——「五次元探査機」を操り、死んだ生命をよみがえらせ、自ら五次元世界を探索していたありし日のkoro先生との対話を今によみがえらせた、ファン待望の書。超発想・ニューテクノロジーのヒント満載の本。